Barbara Brüning

Grundwissen Ethik & Philosophie

Texte – Kommentare – Methoden

Ab 14 Jahren

Barbara Brüning

Grundwissen Ethik & Philosophie

Texte – Kommentare – Methoden

Ab 14 Jahren

Autorin:
Prof. Dr. Barbara Brüning

Alle Texte, die für dieses Buch erstellt wurden, folgen der reformierten Rechtschreibung und Zeichensetzung (Stand: August 2006). Quellentexte sind in der Regel nach den zum Zeitpunkt ihrer ursprünglichen Drucklegung geltenden Regeln gesetzt.

3. Auflage

Lektorat: Dr. Arnold K. D. Lorenzen, Julia Vaje
Titelbild: © »Logos«, Simone Blume, Hamburg 2008
Layout und Satz: Thomas Butsch
Druck: Esser printSolutions GmbH, Bretten
ISBN: 978-3-86189-525-1

MILITZKE · www.militzke.de

Erscheinungsjahr: 2018

Inhaltsverzeichnis

Vorwort: Der Zusammenhang zwischen Ethik und Philosophie 9

1. Was heißt ethisch handeln? ... 11
1.1 Der Begriff Ethik ... 13
Text 1: Ethik kommt von Ethos ... 13
Kommentar ... 14
Biografie: Annemarie Pieper ... 14

1.2 Wichtige Gebiete der Ethik ... 15

1.3 Problemfelder der Philosophischen Ethik ... 16
1.3.1 Freundschaft und Liebe ... 16
Text 2: Zwei Formen von Freundschaft ... 16
Kommentar ... 17
Biografie: Aristoteles ... 19
Text 3: Was heißt Liebe? ... 19
Kommentar ... 20
Biografie: Erich Fromm ... 20
1.3.2 Nach Glück streben ... 21
Text 4: Glück und Leidenschaft ... 21
Kommentar ... 21
Biografie: Emilie du Châtelet ... 22
1.3.3 Werte und Normen ... 24
Text 5: Der Kategorische Imperativ ... 24
Kommentar ... 24
Biografie: Immanuel Kant ... 26
1.3.4 Lernerfolgskontrolle ... 28

1.4 Problemfelder der Angewandten Ethik ... 30
1.4.1 Grundpositionen der Umweltethik ... 31
Text 6: Verantwortung gegen alles, was lebt ... 31
Kommentar ... 32
Biografie: Albert Schweitzer ... 33

1.4.2 Was ist Tierethik? 35
Text 7: Mitleiden als moralische
Kategorie im Umgang mit Tieren 35
Kommentar 36
Biografie: Ursula Wolf 38
1.4.3 Darf man in der Technik alles machen? 38
Text 8: Der Kategorische Imperativ des 20. Jahrhunderts 38
Kommentar 39
Biografie: Hans Jonas 40
1.4.4 Gewalt in den Medien 41
Text 9: Infotainment 41
Kommentar 42
Biografie: Dieter Stolte 42
1.4. 5 Lernerfolgskontrolle 43

1.5 Problemfelder der Religiösen Ethik 47
1.5.1 Was heißt religiös sein? 47
Text 10: Religion bewusst wählen 47
Kommentar 48
Biografie: Dorothee Sölle 48
Kleines Lexikon zum Begriff „Religion“ 49
1.5.2 Die jüdische Religion 50
Text 11: Die Zehn Gebote 51
Kommentar 53
Wichtige Begriffe der jüdischen Religion 54
1.5.3 Die christliche Religion 55
Text 12: Feindesliebe 55
Kommentar 56
Biografie: Jesus 56
Wichtige Begriffe der christlichen Religion 57
1.5.4 Die islamische Religion 58
Text 13: Die fünf Säulen des Islam 58
Kommentar 59
Biografie: Mohammed 59
Wichtige Begriffe der islamischen Religion 60

1. 5. 5 Die hinduistische Religion ... 61
Text 14: Ahimsa und Satyagraha ... 61
Kommentar ... 64
Biografie: Mohandas Karamchand Gandhi ... 64
Wichtige Begriffe der hinduistischen Religion ... 66
1.5.6 Die buddhistische Religion ... 67
Text 15: Mitfühlen mit anderen ... 67
Kommentar ... 69
Biografie: Dalai Lama ... 69
Wichtige Begriffe der buddhistischen Religion ... 70
1.5.7 Der Taoismus ... 71
Text 16: Aus dem Tao Te King ... 71
Kommentar ... 72
Biografie: Laotse ... 72
Wichtige Begriffe des Taoismus ... 73
1. 5. 8 Lernerfolgskontrolle ... 74

2. Gibt es eine gerechte Gesellschaft? ... 76
2.1 Der gerechte Staat ... 77
Text 17: Die Philosophen sollen Herrscher sein ... 77
Kommentar ... 78
Biografie: Platon ... 78
Text 18: Der Mensch ist des Menschen Wolf ... 80
Kommentar ... 82
Biografie: Thomas Hobbes ... 83
2.2 Gerechtigkeit als Handlungsziel ... 84
Text 19: Zwei Prinzipien der Gerechtigkeit ... 84
Kommentar ... 86
Biografie: John Rawls ... 86
2.3 Allgemeine Menschenrechte ... 88
Text 20: Drei Typen von Menschenrechten ... 89
Kommentar ... 90
Biografie: Norbert Brieskorn ... 90
2. 4 Lernerfolgskontrolle ... 91

3. **Welt und Wissenschaft** ... 93
3.1 **Der Logos** ... 93
Text 21: Der Logos ... 94
Kommentar ... 95
Biografie: Heraklit ... 96
3.2 **Die Suche nach dem Sinn** ... 97
Text 22: Wenn wir unsterblich wären 97
Kommentar ... 98
Biografie: Hannah Arendt ... 98
3.3 **Methoden der Wissenschaft** ... 100
Text 23: Vernunft als Richtschnur des Denkens ... 100
Kommentar ... 101
Biografie: Fernando Savater ... 102
Text 24: Was ist Wissenschaft? ... 103
Kommentar ... 104
Biografie: Paul Feyerabend ... 104
Text 25: Zweifeln lernen ... 105
Kommentar ... 105
Biografie: Richard Feynman ... 106
3.4 **Lernerfolgskontrolle** ... 107

4. **Methoden des Philosophierens** ... 109
4.1 **Wie lassen sich Begriffe klären?** ... 109
4.2 **Wie kann ich meine Meinung begründen?** ... 111
4.3 **Tipps, um Texte zu verstehen** ... 113
4.4 **Wie kann ich einen Essay erarbeiten?** ... 117

Literaturverzeichnis ... 119

TXT 2 Text Nr.
Kommentar
Merksatz
Biografie
Wissenskasten
Lernerfolgskontrolle

Vorwort

Der Zusammenhang zwischen Ethik und Philosophie

Ethik und Philosophie haben schon seit vielen Jahren ihren festen Platz in der Schule. Sie gehören wie auch Religion zu jenen Fächern, in denen insbesondere über wichtige Sinnfragen menschlichen Lebens nachgedacht wird. Oftmals werden Philosophie und Ethik in der öffentlichen Meinung gleichgesetzt, Philosophie umfasst jedoch mehr Fragestellungen als die Ethik.

Die Philosophie entstand ungefähr vor 2.500 Jahren in Griechenland und auch in anderen Kulturkreisen wie z. B. in China. *Philos* bedeutet im Griechischen Freund und *sophia* Weisheit, beide zusammen ergeben also die „Liebe zur Weisheit".

In der Philosophie werden Grundprobleme des menschlichen Lebens wie z. B. die Entstehung des Universums oder die Frage nach einer gerechten Gesellschaft durchdacht, begründet und in Theorien zusammengefasst. Diese Fragestellungen ziehen sich wie ein roter Faden durch die Geschichte der Philosophie. Die Antworten darauf, wem die Welt ihre Existenz verdankt oder was ein gerechter Staat ist, fallen jedoch unterschiedlich aus, d. h. auf wichtige Lebensfragen gibt es vielfältige Antworten von Philosophinnen und Philosophen. Fragen und Antworten zusammen bilden die philosophische Tradition. Der deutsche Philosoph Immanuel Kant (1724–1804) hat diese Tradition in vier Grundfragen eingeteilt:

Was kann ich wissen? .... *(Erkenntnistheorie)*
Was soll ich tun? .... *(Moral und Ethik)*
Was darf ich hoffen? .... *(Religion und Gesellschaftstheorie)*
Was ist der Mensch? .... *(Anthropologie)*

Kants Klassifikation zeigt, dass die Ethik ein Teilgebiet der Philosophie ist. Sie beschäftigt sich mit der Frage, wie Menschen ein gutes Leben führen können und welche Werte und Normen sie ihrem Handeln zugrunde legen.

Unser Buch möchte im *ersten* Kapitel in Grundfragen der Ethik einführen. Es unterscheidet zwischen philosophischen, angewandten und religiösen Teilgebieten der Ethik. Dabei wird insbesondere in der Religiösen Ethik eine umfassende Darstellung von Normen der großen Weltreligionen gegeben.

Im *zweiten* Kapitel widmet sich unser Kanon des Grundwissens Problemen einer gerechten Gesellschaft und allgemeinen Menschenrechten.

Danach geht es im *dritten* Kapitel um Fragen von Denken, Sinnsuche und Wissenschaft.

Den Abschluss bilden im *vierten* Kapitel Methoden des Philosophierens, die einen differenzierten Umgang mit schwierigen Begriffen und Texten ermöglichen.

Wir präsentieren zu jedem Problemfeld einen philosophischen Text mit einer kurzen Interpretationshilfe sowie einer kurzen Biografie zur Autorin bzw. zum Autor. Nach jedem Kapitel folgt eine Lernerfolgskontrolle mit einem kurzen Lösungsschlüssel.

Unsere Zusammenstellung des ethischen und philosophischen Grundwissens soll allen Interessierten helfen, sich auf einen mittleren oder höheren Schulabschluss in Ethik bzw. Philosophie vorzubereiten oder einfach nur vorhandene Kenntnisse auf diesem Gebiet zu überprüfen und zu erweitern. Die Auswahl der Materialien basiert auf einer umfangreichen Rahmenplananalyse der inhaltlichen und methodischen Schwerpunkte zum Ethik- und Philosophieunterricht der einzelnen Bundesländer. Gemäß der Rahmenplanvorgaben erhält auch der Religionsteil ein größeres Gewicht.

Wir wünschen allen Interessierten Ausdauer, Tiefgang und viele gute Gedanken beim Philosophieren.

1. Was heißt ethisch handeln?

Menschen handeln, um ihr Leben zu gestalten. Sie bauen Häuser und entwerfen Autos, schminken sich und feiern Feste und bewerten diese als gut oder schlecht in einem außermoralischen Kontext. Denn diese Handlungen betreffen nicht Fragen von gutem oder schlechtem Verhalten gegenüber anderen Menschen und die ihnen zugrunde liegenden Beweggründe oder Absichten. Sie sagen lediglich etwas über die Qualität einer Handlung oder Sache aus.

Handlungen hingegen, die man als *moralisch gut oder schlecht* bewertet, werden durch Werte, Normen oder Tugenden bestimmt.

X

Werte legen fest, was für einen Menschen oder eine Gruppe von Menschen wertvoll ist und deshalb im Leben als erstrebenswert gilt.

Die Ethik beschäftigt sich mit verschiedenen Gruppen von Werten. So gibt es die Gruppe der sozialen Werte wie z. B. Freundschaft, die Gruppe der ideellen Werte wie z. B. Gerechtigkeit, die Gruppe der religiösen Werte wie z. B. Glaube oder die Gruppe der materiellen Werte wie beispielsweise Reichtum.

Normen sind allgemeine Vorschriften für moralisch gutes Handeln. Sie sagen uns, ob eine bestimmte Handlung moralisch gut, falsch, geboten oder pflichtgemäß ist und ob wir sie ausführen sollten oder nicht. Der Begriff Norm wird deshalb häufig auch durch den Begriff Gebot ersetzt, in der sprachlichen Form „du sollst ... immer die Wahrheit sagen." In negativer Bedeutung sind Normen Verbote, sprachlich gefasst mit „du sollst nicht ... stehlen."

Tugend ist eine moralisch gute Lebenshaltung, die sich Menschen durch Übung und Einsicht aneignen können. Sie umfasst nach der griechischen Tradition drei Bestandteile: Wissen (jemand weiß, dass er Gutes tut); Können (jemand weiß, wie man Gutes tut) und Handeln (jemand tut Gutes in konkreten Lebenssituationen).

Wenn sich jemand in seinem Verhalten gegenüber anderen Menschen von Werten, Normen und Tugenden leiten lässt, die sich auch am Wohlergehen anderer Menschen orientieren, d. h. die Absicht verfolgen, Gutes zu tun, dann sprechen wir von ethischem Handeln.

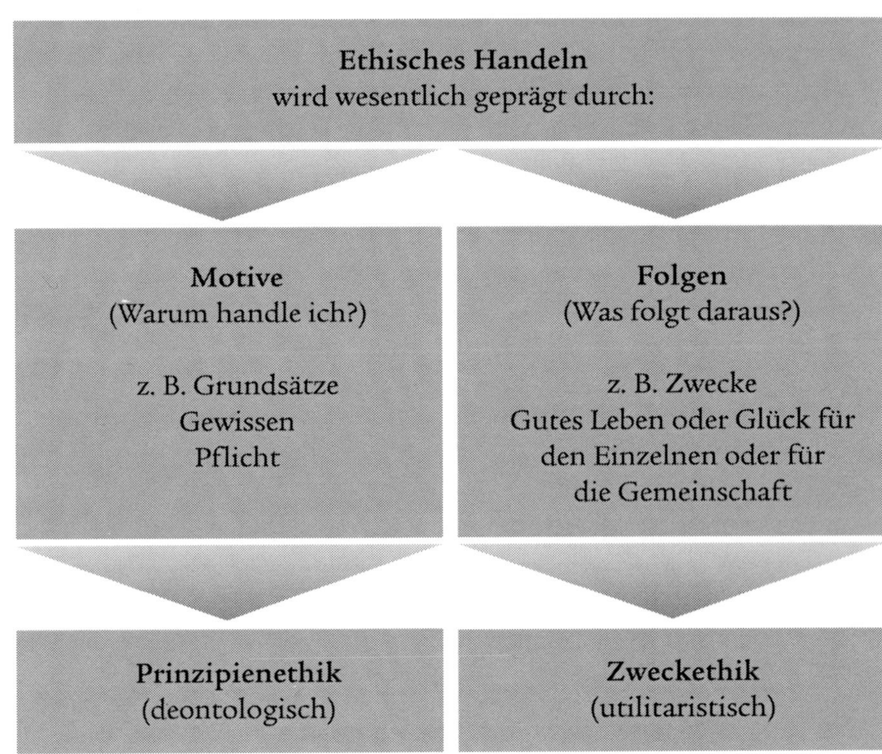

1.1 Der Begriff Ethik

TXT 1

Annemarie Pieper: **Ethik kommt von Ethos**

Aristoteles war der erste, der die Ethik als eine eigenständige philosophische Disziplin behandelt und von den Disziplinen der theoretischen Philosophie (Logik, Physik, Mathematik, Metaphysik) unterschieden hat. Die praktische Philosophie untergliederte er in Ethik, Ökonomie und Politik. Während es die theoretische Philosophie mit dem veränderlichen und unveränderlichen Seienden zu tun hat (siehe hierzu auch den Text 21 auf Seite 94 in diesem Buch), geht es in der praktischen Philosophie um menschliche Handlungen und ihre Produkte. [...]

Der seit Aristoteles verwendete Disziplintitel Ethik leitet sich ursprünglich von dem griechischen Wort *ethos* her, das in zwei Varianten vorkommt, nämlich einmal als Gewohnheit, Sitte, Brauch: Wer durch Erziehung daran gewöhnt worden ist, sein Handeln an dem, was Sitte ist, was im antiken Stadtstaat, in der Polis Geltung hat und sich daher ziemt, auszurichten, der handelt „ethisch", insofern er die Normen des allgemein anerkannten „Moralkodex" befolgt. Im engeren und eigentlichen Sinn ethisch handelt jedoch derjenige, der überlieferten Handlungsregeln und Wertmaßstäben nicht fraglos folgt, sondern es sich zur Gewohnheit macht, aus Einsicht und Überlegung das jeweils erforderliche Gute zu tun. [...]

Das lateinische Wort *mos* (Plural: *mores*) ist eine Übersetzung der beiden griechischen *ethos*-Begriffe und bedeutet daher sowohl Sitte als auch Charakter. Von *mos* wiederum leitet sich das deutsche Wort Moral her, das ein Synonym für Sitte ist. Zur Moral oder Sitte werden jene aus wechselseitigen Anerkennungsprozessen in einer Gemeinschaft von Menschen hervorgegangenen und als allgemein verbindlich ausgezeichneten Handlungsmuster zusammengefasst, denen normative Geltung zugesprochen wird. Die Ausdrücke Moral und Sitte bezeichnen mithin Ordnungsgebilde, die gewachsene Lebensformen repräsentieren, Lebensformen, die die Wert- und Sinnvorstellungen einer Handlungsgemeinschaft widerspiegeln. [...] Die Abstrakta Moralität / Sittlichkeit stehen in ihrer Bedeutung dem näher, was unter *ethos* verstanden wird: der Qualität eines Handelns, das sich einem unbedingten Anspruch (dem Guten) verpflichtet weiß.

Annemarie Pieper unterscheidet die in der Umgangssprache häufig synonym (gleich) verwendeten Begriffe Ethik und Moral. Sie weist auf die Ableitung des Begriffes Ethik von dem griechischen Wort ethos hin.

Ethos hat eine doppelte Bedeutung: Es bezeichnet auf der einen Seite Sitten (Normen) und Bräuche („was man so tut") wie z. B. den Brauch zu Ostern Osterfeuer anzuzünden. Diese Bräuche werden von Generation zu Generation überliefert, ohne lange darüber nachzudenken.

Auf der anderen Seite bezeichnet ethos aber auch Handlungen, die durch Überlegung geprägt sind: ein Mensch entwickelt durch Übung und Nachdenken eine Lebenseinstellung, die ihn dazu befähigt, wenn er oder sie gefordert wird, Gutes zu tun (siehe hierzu auch Tugend auf der Seite 11): Ich sehe, dass eine Frau im Eis eingebrochen ist und unternehme alles, um sie zu retten.

Der Begriff Moral umfasst hingegen nicht die ethische Qualität einer Handlung, sondern Werte und Normen bestimmter Gruppen (Handlungsgemeinschaften) oder von Einzelpersonen. So gibt es z. B. eine Moral der Christen oder eine Moral der Muslime (siehe z. B. Kapitel 1.5.3 in diesem Buch).

Die Moral bezieht sich immer auf individuelle Vorstellungen vom Guten, während die Ethik allgemeine Vorstellungen des Guten umfasst.

Annemarie Pieper (geb. 1941) gehört zu den wichtigsten Philosophinnen in Deutschland. Sie wuchs in Düsseldorf auf. Danach studierte sie Philosophie, Anglistik (englische Sprache und Literatur) sowie Germanistik (deutsche Sprache und Literatur) an der Universität von Saarbrücken, wo sie 1967 in Philosophie promovierte.

Von 1972–1981 war sie Hochschullehrerin in München und von 1981–2001 Professorin für Philosophie in Basel. Zu ihren wichtigsten Büchern gehören „Einführung in die Ethik" (1991), „Selber denken. Anstiftung zum Philosophieren" (1997) sowie „Glückssache. Die Kunst, gut zu leben" (2001).

1.2 Wichtige Gebiete der Ethik

Die Ethik als Teildisziplin der Philosophie lässt sich in drei größere Teilgebiete untergliedern, die auf der folgenden Übersicht dargestellt werden.

Philosophische Ethik	**Religiöse Ethik**	**Angewandte Ethik**
bearbeitet Probleme ethischen und moralischen Handelns	führt ethisches Handeln auf eine religiöse Letztbegründung zurück, z. B. Gott	bearbeitet Probleme ethischen Handelns im Zusammenhang mit dem wissenschaftlich-technischen Fortschritt

Daraus ergeben sich wichtige Problemfelder

Glückseligkeit Gut und Böse Freiheit Freundschaft	Moralvorstellungen der verschiedenen Religionen z. B. Christentum: Altes Testament: Die Zehn Gebote Neues Testament: Die Goldene Regel	Umweltethik Technikethik Medizinethik Bioethik Tierethik

1.3 Problemfelder der Philosophischen Ethik

1.3.1 Freundschaft und Liebe

TXT 2

Aristoteles: **Zwei Formen von Freundschaft**

Denn ohne Freunde möchte niemand leben, auch wenn er die übrigen Güter alle zusammen besäße: gerade auch den reichen Leuten und denen, die Amt und Herrschaft haben, tun Freunde bekanntlich ganz besonders not. Denn wozu ist solcher Wohlstand nütze, wenn die Möglichkeit des Wohltuns genommen ist, das doch vor allem und in seiner preiswürdigsten Form dem Freunde gegenüber sich entfaltet? Oder wie ließe der Wohlstand sich behüten und bewahren ohne Freunde? Je größer er ist, desto gefährdeter ist er. Und in Armut und sonstigem Missgeschick gelten Freunde als die einzige Zuflucht. Freundschaft ist Hilfe: den Jüngling bewahrt sie vor Irrtum, dem Alter bietet sie Pflege und Ersatz für die aus Schwäche abnehmende Leistung, den Mann auf der Höhe des Lebens spornt sie zu edlen Taten. „Zwei miteinander voran“: dann gewinnt das Erkennen wie das Handeln an Kraft. [...]

Es gibt also drei Arten von Freundschaft – sie entsprechen den drei Arten des Liebenswerten, denn in dem Bereiche einer jeden ist Gegenliebe möglich, die nach außen hervortritt, und die einander freundschaftlich Gesinnten wünschen sich gegenseitig das Gute entsprechend dem Motive ihrer Gesinnung. Wo also Nutzen das Motiv der Befreundung bildet, da lieben sich die Menschen nicht um ihres Wesens willen, sondern nur soweit sie etwas voneinander haben können, und ebenso ist es bei denen, die um der Lust willen befreundet sind. Denn nicht wegen seiner Charaktereigenschaften lieben sie den in der Gesellschaft Gewandten, sondern weil sie ihn unterhaltsam finden.

Wo also Nutzen das Motiv der Befreundung bildet, da lieben sich die Menschen, weil sie für sich einen Vorteil erstreben, und wo Lust das Motiv ist, geschieht es, weil sie für sich Lust erstreben, also nicht insofern der Partner eben (schlicht) der Befreundete ist, sondern insofern er nützlich oder angenehm ist. [...]

Vollkommene Freundschaft ist die der trefflichen Charaktere und an Trefflichkeit einander Gleichen. Denn bei dieser Freundschaft wünschen sie einer dem anderen in gleicher Weise das Gute, aus keinem anderen Grunde als weil sie eben trefflich sind, und trefflich sind sie „an sich", wesensmäßig. Nun sind aber Menschen, die dem Freunde um des Freundes willen das Gute wünschen, die echtesten Freunde: [...] weil jeder des anderen Wesensart liebt. [...]

Die Tugend der Freundschaft spielte in den antiken Stadtstaaten wie Athen eine große Rolle. Deshalb beginnt Aristoteles seine Ausführungen auch mit der Feststellung, dass kein Mensch ohne Freunde leben will. Er legt dann Gründe dar, warum Freundschaft sowohl für reiche als auch für arme Menschen notwendig ist; ein wichtiges Motiv bildet die gegenseitige Hilfe. Die Reichen können Gutes tun und andere Menschen an ihrem Reichtum teilhaben lassen: Sie brauchen aber auch Hilfe, wenn ihr Reichtum in Gefahr ist. Arme Menschen benötigen dagegen Unterstützung in einer Notsituation, und alte Menschen sind auf Pflege angewiesen, wenn sie gebrechlich werden.

Die Freundschaftsbeziehungen zwischen Menschen gliedern sich nach Aristoteles in zwei größere Formen: die unvollkommene und die vollkommene Freundschaft.

Bei der unvollkommenen Freundschaft gibt es zwei Untergruppen: die Freundschaft um des Nutzens willen, bei der einer oder auch beide Freunde einen bestimmten Vorteil daraus ziehen, und die Freundschaft aus purer Lust. So lässt z. B. Anton seinen Freund Oliver eine Zeit lang in Mathematik abschreiben. Eines Tages aber ist Anton der Meinung, dass Oliver nun langsam mal lernen müsste, allein mit den Matheaufgaben klar zu kommen. Von diesem Augenblick an ist nun die Freundschaft zu Ende. Oliver kann keinen Nutzen mehr aus der Beziehung ziehen und löst das freundschaftliche Verhältnis auf.

Gleiches gilt auch für die Freundschaft um der Lust willen. Katja und Maren gehen zusammen in die Disco und sind gemeinsam auf der Suche nach netten Bekanntschaften. Als Maren keine Lust mehr auf Glamour und Disco hat, sucht sich Katja eine neue Freundin.

Die vollkommene Freundschaft unterscheidet sich deutlich von der unvollkommenen, die lediglich eine Beziehung auf Zeit darstellt. Sie entsteht zwischen

Menschen, die sich im Wesen ähnlich sind. Derartige Menschen zeichnen sich durch Trefflichkeit aus, d. h. sie stützen ihr Handeln auf Tugend. Sie wünschen und wollen einander nur Gutes und zwar nicht nur akzidentiell (kurzfristig), sondern längerfristig.

Es gibt nach Aristoteles zwei Grundformen der Freundschaft. Die unvollkommene Freundschaft ist von kurzer Dauer und richtet sich nach den Maßstäben des Nutzens und der Lust. Die vollkommene Freundschaft bezieht sich auf eine Wesensgleichheit der Freunde.

Platon und Aristoteles

Raffael „Die Schule von Athen", 1510–1511

Aristoteles (384–322 v. Chr.) gehört neben Sokrates und Platon zu den wichtigsten Vertretern der antiken griechischen Philosophie. Er arbeitete sowohl im Bereich der Ethik und Staatslehre als auch auf den Gebieten der Naturphilosophie und Erkenntnistheorie.

Aristoteles wurde 384 v. Chr. in dem kleinen griechischen Küstenort Stagira als Sohn eines Arztes geboren. Im Jahr 367 v. Chr. ging er nach Athen, um an der platonischen Akademie Philosophie zu studieren.

Später reiste der Philosoph durch Kleinasien, heiratete zwei Mal und beschäftigte sich länger mit philosophischen Studien. Berühmt wurde auch sein Sohn Nikomachos, dem Aristoteles eines seiner wichtigsten Bücher widmete, die „Nikomachische Ethik". In diesem Werk entwickelte er seine Gedanken über Freundschaft.

Aristoteles war eine Zeitlang der Erzieher von Alexander dem Großen. Im Alter von 50 Jahren kehrte er dann nach Athen zurück und gründete dort seine eigene Philosophenschule „das Lykeion", an der er zwölf Jahre unterrichtete.

Zu seinen bekanntesten Schriften gehören „Die Politik" (Staatslehre und Verfassungen der griechischen Staaten) sowie „Die Metaphysik" (Lehre von den Formen als den Eigenschaften der Dinge).

TXT 3

Erich Fromm: Was heißt Liebe?

Liebe ist in erster Linie nicht Bindung an eine besondere Person; sie ist vielmehr eine Haltung, eine Orientierung des Charakters, die das Verhältnis einer Person zur Welt als Ganzes, nicht aber zu einem einzigen „Objekt" der Liebe bestimmt. Wenn ein Mensch nur eine einzige andere Person liebt und seinen übrigen Mitmenschen gegenüber Gleichgültigkeit empfindet, ist seine Liebe nicht Liebe, sondern eine symbiotische Bindung oder ein gesteigerter Egoismus. [...] Wenn ich einen Menschen wirklich liebe, liebe ich alle Menschen, liebe ich die ganze Welt und liebe ich das Leben. Wenn ich zu einem anderen sagen kann: „Ich liebe dich", muss ich auch sagen können: „Ich liebe in dir alle Menschen, ich liebe in dir die Welt, ich liebe in dir auch mich selbst."

Erich Fromm charakterisiert in diesem Text die Liebe als eine allgemeine Eigenschaft des Menschen und nicht als eine besondere Form wie zum Beispiel Elternliebe, Kinderliebe oder auch erotische Liebe. Wer seine Liebe nur einer bestimmten Person geben kann, nicht aber allen übrigen Mitmenschen, handelt egoistisch. Er bindet sich nur an ein bestimmtes Subjekt und befriedigt lediglich eigene Bedürfnisse. Erich Fromm hat demgegenüber die allgemeine Menschenliebe im Blick, die ein Verhältnis von Güte und Wohlwollen gegenüber anderen zum Ausdruck bringt.

Liebe hat unterschiedliche Formen. Die Grundlage bildete die allgemeine Menschenliebe.

Erich Fromm (1900–1980) war Philosoph und Psychoanalytiker. Er arbeitete vor dem 2. Weltkrieg am bekannten Institut für Sozialforschung in Frankfurt am Main und emigrierte 1934 nach der Machtergreifung der Nationalsozialisten in die USA. Dort lehrte er als Professor an verschiedenen Universitäten. In seinen Büchern verband er Erkenntnisse aus der Psychoanalyse mit denen der Sozialphilosophie. Die Psychoanalyse beschäftigt sich insbesondere mit den Ausdrucksformen des menschlichen Unbewussten wie z. B. Trieben, Instinkten oder Träumen.

Erich Fromm untersuchte vor allem das Konsumverhalten von Menschen und verschiedene Strukturen von Macht und Gewalt, auch im sexuellen Bereich. Zu seinen wichtigsten Büchern gehören „Die Kunst des Liebens“ sowie „Haben oder Sein“.

1.3.2 Nach Glück streben

TXT 4

Emilie du Châtelet: **Glück und Leidenschaft**

Um glücklich zu sein, muss man sich von Vorurteilen befreit haben, tugendhaft sein und bei guter Gesundheit, Neigungen und Leidenschaften haben und für Illusionen empfänglich sein. Denn wir verdanken die meisten unserer Freuden der Illusion, und unglücklich ist, wer sie verliert. Weit entfernt davon, sie durch die Fackel der Vernunft vertreiben zu wollen, solltet Ihr daher versuchen, die Glasur stärker aufzutragen, mit der sie die meisten Dinge überzieht: Für sie ist dieser Glanz noch notwendiger als Pflege und Schmuck für unsere Körper.

Man muss damit beginnen, sich wirklich selbst zu sagen und es sich zur Überzeugung zu machen, dass wir nur auf dieser Welt sind, um uns angenehme Empfindungen und Gefühle zu bereiten. Die Moralisten, die den Menschen sagen, zügelt eure Leidenschaften und beherrscht eure Begierden, wenn ihr glücklich werden wollt, kennen den Weg zum Glück nicht. Man wird nur glücklich durch befriedigte Neigungen oder Leidenschaften, und da man nicht immer das Glück hat, letztere zu verspüren, muss man sich mangels Leidenschaften eben mit den Neigungen begnügen. Leidenschaften sind es also, die man von Gott erbitten sollte, falls man ihn um etwas zu bitten wagte. [...]

Doch, wird man mir entgegenhalten, machen die Leidenschaften nicht mehr Menschen unglücklich als glücklich? Ich habe nicht die erforderliche Waage, um das Gute und das Schlechte, das sie den Menschen bescheren, allgemein abzuwägen. Doch ist zu bedenken, dass man von den Unglücklichen weiß, weil sie die anderen brauchen, gern ihre Leidensgeschichte erzählen und darin Heilmittel und Erleichterung suchen. Die glücklichen Menschen dagegen suchen nichts und werden den anderen ihr Glück nicht kundgeben. Die Unglücklichen sind interessant, die Glücklichen unbekannt.

Emilie du Châtelet vertritt eine ungewöhnliche Glücksauffassung. Für sie bildet nicht allein die Vernunft die Grundlage des Glücksstrebens, sondern das Glück wird mit Leidenschaften und Illusionen kombiniert. Unter Leidenschaften versteht die Philosophin Gefühle und befriedigte Neigungen: Jemand ist

zum Beispiel berauscht von einem Augenblick am Meer und empfindet beim Anblick der Wellen und des blauen Himmels ein Hochgefühl. Darüber hinaus gehört zu den Leidenschaften natürlich auch die Liebe, die für Emilie du Châtelet ein wichtiger Baustein ihres Lebens gewesen ist. Für sie war die Sinnlichkeit, die im 18. Jahrhundert unter dem Deckmantel der guten Sitten versteckt wurde, ein Lebenselixier.

Ungewöhnlich für ihre Zeit war auch der Rekurs auf Illusionen als Bestandteil des Glücks. Mit Illusionen sind Wünsche, Träume und Vorstellungen von einem guten Leben und der Zukunft gemeint.

Emilie du Châtelet (1706–1749) wurde in einer adligen Familie in Paris geboren und erhielt gemeinsam mit ihren Brüdern eine umfassende Ausbildung in Latein und Philosophie. Mit 17 Jahren schloss sie standesgemäß eine Vernunftehe mit dem wesentlich älteren Marquis du Châtelet und brachte drei Kinder zu Welt. Nach der Geburt ihrer Kinder widmete sie sich wieder ihren naturwissenschaftlichen Interessen aus der Jugendzeit und ging mit 28 Jahren eine Liebes- und Arbeitsbeziehung mit dem Philosophen Voltaire (1694–1778) ein. Auf dem Landgut in Cirey in der Champagne arbeiteten beide an ihren Schriften und führten einen regen philosophischen Meinungsaustausch. Hier entstand auch ihr gemeinsames Werk „Die Elemente der Philosophie Newtons".

Emilie du Châtelet hatte außer ihren philosophischen Interessen auch eine Vorliebe für das Glücksspiel, teuren Schmuck und junge Männer. Deshalb verließ sie mit 42 Jahren Voltaire und wurde von einem jungen Offizier schwanger. Sie starb an Kindbettfieber bei der Geburt ihres vierten Kindes.

Emilie du Châtelet hat sich vor allem auf dem Gebiet der Erkenntnis- und Wissenschaftstheorie einen Namen gemacht. Sie untersuchte, welche Rolle Erfahrungen und Begriffe im Prozess der Erkenntnis spielen. Ihre wichtigsten Schriften sind „Die Institutionen der Physik" und „Über das Glück".

Bausteine des Glücks

Das folgende Schema umfasst verschiedene Aspekte des Begriffes Glück (siehe zur Methode der Begriffsanalyse auch 4.1 in diesem Buch).

1. Glück als gelingendes Leben

2. Glück und Unglück

3. Glück als berauschender Augenblick

4. Glück als Wunscherfüllung

5. Glück als Selbstbestimmung

6. Glück als Erfolg(Erreichen eines Ziels)

Glück hat verschiedene Aspekte. Nach Emilie du Châtelet gehören dazu insbesondere Vernunft, Leidenschaften sowie Wünsche und Träume.

1.3.3 Werte und Normen

***Immanuel Kant:* Der Kategorische Imperativ**

Der kategorische Imperativ von Immanuel Kant umfasst folgende Aspekte:

1. Handle nur nach derjenigen Maxime, durch die du zugleich wollen kannst, dass sie ein allgemeines Gesetz werde.

2. Der Mensch, und überhaupt jedes vernünftige Wesen, existiert als Zweck an sich selbst, nicht bloß als Mittel zum beliebigen Gebrauche für diesen oder jenen Willen, sondern muss in allen seinen, sowohl auf sich selbst, als auch auf andere vernünftige Wesen gerichteten Handlungen jederzeit zugleich als Zweck betrachtet werden.

3. Handle so, dass du die Menschheit sowohl in deiner Person, als in der Person eines jeden anderen jederzeit zugleich als Zweck, niemals bloß als Mittel gebrauchst.

Der folgende Kommentar stammt von dem norwegischen Schriftsteller und Philosophen Jostein Gaarder aus seinem Buch „Sofies Welt – Roman über die Geschichte der Philosophie". Sofie und Alberto unterhalten sich über Kants Ethik.

Alberto: *„Alle Menschen wissen, was Recht ist und was nicht, und wir wissen das nicht nur, weil wir es gelernt haben, sondern auch, weil es unserer Vernunft innewohnt. Kant glaubte, alle Menschen hätten eine praktische Vernunft, die uns jederzeit sagt, was im moralischen Bereich Recht ist und was Unrecht."*

Sofie: *„Sie ist also angeboren?"*

Alberto: *„Die Fähigkeit, zwischen Recht und Unrecht zu unterscheiden, ist ebenso angeboren wie alle anderen Eigenschaften der Vernunft. Alle Menschen fassen die Ereignisse in der Welt als ursächlich bestimmt auf – und alle haben auch Zugang zum selben universellen Moralgesetz. Dieses Moralgesetz hat dieselbe absolute Gültigkeit wie die physikalischen Naturgesetze. Es ist für unser moralisches Leben genauso grundlegend, wie es für unser Vernunftleben grundlegend* *ist, dass alles eine Ursache hat, oder dass sieben plus fünf zwölf ist."*

Sofie: „Und was sagt dieses Moralgesetz?"

Alberto: „Da es vor jeder Erfahrung liegt, ist es „formal". Das bedeutet, dass es nicht mit bestimmten moralischen Wahlmöglichkeiten zusammenhängt. Es gilt für alle Menschen in allen Gesellschaften und zu allen Zeiten. Es sagt also nicht, dass du in dieser oder jener Situation dies oder jenes tun sollst. Es besagt, wie du dich in allen Situationen zu verhalten hast."

Sofie: „Aber welchen Sinn hat ein Moralgesetz, wenn es uns nicht sagt, wie wir uns in einer bestimmten Situation zu verhalten haben?"

Alberto: „Kant formuliert sein Moralgesetz als kategorischen Imperativ. *Darunter versteht er, dass das Moralgesetz ‚kategorisch' ist, das heißt, in allen Situationen gilt. Außerdem ist es ein ‚Imperativ' und damit ein ‚Befehl' und absolut unumgänglich."*

Sofie: „Hm ..."

Alberto: „Allerdings formuliert Kant seinen kategorischen Imperativ *auf verschiedene Weise. Erstens sagt er, wir sollten immer so handeln, dass wir uns gleichzeitig wünschen können, die Regel nach der wir handeln, würde allgemeines Gesetz. Wörtlich heißt es bei ihm: „Handle nur nach derjenigen Maxime, durch die du zugleich wollen kannst, dass sie ein allgemeines Gesetz werde."*

Sofie: „Wenn ich etwas tue, muss ich also sicher sein, dass ich mir wünschen kann, alle anderen würden in derselben Situation dasselbe tun."

Alberto: „Genau. Nur dann handelst du in Übereinstimmung mit deinem inneren moralischen Gesetz. Kant hat den kategorischen Imperativ auch so formuliert, dass wir andere Menschen immer als Zweck an sich selbst und nicht bloß als Mittel zu etwas anderem behandeln sollen."

Sofie: „Wir dürfen andere Menschen also nicht ‚benutzen', nur um selber Vorteile zu erlangen."

Alberto: „Nein, denn alle Menschen sind ein Zweck an sich. Aber das gilt nicht nur für andere Menschen, das gilt auch für uns selber! Wir dürfen uns selber auch nicht als Mittel benutzen, um etwas zu erreichen."

Sofie: „Das erinnert ein bisschen an die ‚goldene Regel': Was du nicht willst, das man dir tu, das füg auch keinem andern zu."

Alberto: „Ja, und das ist eine formale Richtlinie, die im Grunde alle ethischen Wahlmöglichkeiten umfasst. Du kannst gut behaupten, diese goldene Regel drücke in etwa das aus, was Kant als Moralgesetz bezeichnet hat."

Sofie: *„Aber das sind doch auch bloß Behauptungen. David Hume hatte wohl Recht damit, dass wir mit der Vernunft nicht beweisen können, was Recht und was Unrecht ist."*

Alberto: *„Kant hielt das Moralgesetz für ebenso absolut und allgemeingültig wie zum Beispiel das Kausalgesetz. Auch das lässt sich mit der Vernunft nicht beweisen und ist doch unumgänglich. Kein Mensch würde es bestreiten."*

Immanuel Kant hat ein allgemeines Moralgesetz formuliert, das für alle Menschen ohne Einschränkung gelten soll und dessen Grundlage die Vernunft ist. Kant ist einer der wichtigsten Vertreter der Prinzipienethik (siehe Schema auf der Seite 12 in diesem Buch).

Immanuel Kant (1724–1804) ist einer der bedeutendsten deutschen Philosophen. Er hat ein umfassendes philosophisches System hinterlassen, das vor allem die Erkenntnistheorie, die Ethik, die Ästhetik sowie die Pädagogik umfasst.

Kant wurde in Königsberg in Ostpreußen, dem heutigen Kaliningrad, geboren. Er wuchs in der Familie eines Sattlermeisters mit mehreren Geschwistern auf. Kant besuchte zunächst das Gymnasium Fridericianum und dann mit 16 Jahren die Universität. Dort studierte er u.a. Philosophie und Mathematik, was für einen jungen Mann aus einer Handwerkerfamilie nicht selbstverständlich war. Im Jahr 1755 promovierte Kant mit der Arbeit „Über das Feuer". Er erhielt jedoch erst im Jahr 1770 eine Professur und musste nach dem Tod seines Vaters mit verschiedenen Hauslehrerstellen seinen Lebensunterhalt verdienen. Kant hat Königsberg Zeit seines Lebens nie verlassen.

Die Grundlage der Kantschen Philosophie bildet die Dreiteilung der menschlichen Seele in Denken, Wollen (Begehren) und Fühlen. Nach diesen Seelenvermögen unterteilt Kant auch sein philosophisches System: Philosophie des Erkennens (Erkenntnistheorie), Philosophie des Wollens (praktische Philosophie oder Ethik) sowie Philosophie des Fühlens und des ästhetischen Urteils (Ästhetik). Entsprechend dieser Gliederung verfasste er seine drei Hauptwerke: Kritik der reinen Vernunft, Kritik der praktischen Vernunft und Kritik der Urteilskraft. Der

Begriff „Kritik“ soll zweierlei zum Ausdruck bringen. Kritik meint erstens und wörtlich Untersuchung eines Bereichs und zweitens, dass Kant sich bemüht hat, bestimmte einseitige Positionen in der Philosophie wie z. B. in der Erkenntnistheorie den Empirismus (Erfahrung ist die wesentliche Quelle der Erkenntnis) oder als Gegenteil den Rationalismus (Begriffe sind die wesentliche Quelle der Erkenntnis) kritisch zu überwinden.

In seiner Ethik geht Kant davon aus, dass sich unser Handeln auf empirische, d. h. in der Erfahrung gegebene Dinge, bezieht. Diese bestimmen als Motive weitgehend unseren Willen. Aber sie sind nicht die einzigen Motoren des Handelns. Denn würde unser Leben nur von ihnen abhängen, gäbe es ein regelloses Hin- und Herschwanken. Deshalb tritt die Vernunft hinzu und gibt unserem Handeln Grundsätze, die Kant als Maximen bezeichnet. Diese unterteilt er in subjektive und objektive Grundsätze. Letztere sind allgemeingültig und unveränderlich, während die subjektiven Grundsätze das Ziel haben, Menschen einen inneren Zustand des Genusses und der Zufriedenheit zu verschaffen. Sie beziehen sich auf Dinge der Außenwelt, die veränderbar sind.

Damit unser moralisches Handeln nicht von unseren Erfahrungen und Neigungen gesteuert wird, verfügt unser Wille nach Ansicht von Kant über Grundsätze, die apriorisch sind. Der Begriff „apriorisch“ meint, dass diese Grundsätze vor aller Erfahrung liegen und von unseren subjektiven Neigungen unabhängig sind. Kant bezeichnet den obersten apriorischen Grundsatz des Willens deshalb als *allgemeines Sittengesetz* oder *Kategorischen Imperativ*. (siehe hierzu auch die Goldene Regel auf der Seite 55 in diesem Buch).

1.3.4 Lernerfolgskontrolle

1. Legen Sie dar, was der französische Philosoph Michel de Montaigne (1533–1592) unter Freundschaft versteht. Begründen Sie Ihre Zustimmung oder Ablehnung.
2. Vergleichen Sie Montaignes Freundschaftsauffassung mit der vollkommenen Freundschaft bei Aristoteles.
3. Stellen Sie sich vor, Sie leben wie Robinson Crusoe auf einer einsamen Insel ohne andere Menschen. Könnten Sie dann auch mit Tieren wie zum Beispiel einem Bären befreundet sein? Wie würde Aristoteles das Problem lösen?

Michel de Montaigne: **Wahre Freundschaft lässt sich nicht teilen**

Die wahre Freundschaft ergreift vom ganzen Menschen Besitz und beherrscht ihn so uneingeschränkt, dass sie sich unmöglich vervielfachen lässt. Wenn zwei Freunde gleichzeitig Beistand erbäten, welchem würdest du zu Hilfe eilen? Und wie würdest du, wenn sie von dir bestimmte sich ausschließende Dienste verlangten, die Sache regeln? Wenn der eine dir unter dem Siegel der Verschwiegenheit etwas anvertraute, das zu wissen für den anderen nützlich wäre, wie würdest du dich da aus der Klemme ziehen?

Die einmalige, die alles überragende Freundschaft entbindet von allen sonstigen Verbindlichkeiten. Ein Geheimnis, das niemand anderem zu enthüllen ich geschworen habe, kann ich ohne Meineid zu begehen, dem mitteilen, der kein anderer ist: er ist ich. Sich zu verdoppeln dünkt mich schon Wunder genug, und jene, die von Verdreifachung reden, kennen dessen wahre Größe nicht. Das Höchste hat nie seinesgleichen; wenn ich von zweien den einen eben so sehr wie den anderen liebte, [...] würde sich das Verbundenste und Unteilbarste [...] in eine vielköpfige Bruderschaft zerteilen.

Exemplarische Lösung

Zu Aufgabe 1:
Michel de Montaigne legt dar, dass eine vollkommene oder wahre Freundschaft nur mit einem einzigen Freund oder einer einzigen Freundin möglich ist. Er begründet seine Auffassung damit, dass sich wahre Freundschaft nicht teilen lässt. So könne man beispielsweise Geheimnisse nur einem Freund anvertrauen, ohne den anderen zu hintergehen. Bei mehreren gleichrangigen Freunden wüsste man darüber hinaus gar nicht, wem man zuerst Hilfe in der Not leisten sollte.

Zu Aufgabe 2:
Ihre Stellungnahme zu den Gedanken von Aristoteles müsste darlegen, ob wahre Freundschaft wirklich unteilbar ist (bester Freund und beste Freundin), oder ob es auch möglich sein könnte, Geheimnisse und Hilfe in der Not mit mehreren besten Freunden zu teilen.

Aristoteles charakterisiert die vollkommene Freundschaft als Wesensgleichheit zwischen Menschen, die „auf gleicher Wellenlänge" schwimmen. Er sagt jedoch nicht, dass diese Form der Freundschaft nicht auch zwischen mehreren Menschen möglich sein könnte.

Zu Aufgabe 3:
Hierbei handelt es sich um ein Gedankenexperiment, bei dem Sie die Reichweite Ihrer philosophischen Ideen testen sollen. Zuerst müsste dargelegt werden, was Aristoteles unter Freundschaft versteht (Differenzierung zwischen vollkommener und unvollkommener Freundschaft – siehe Seite 16 f. in diesem Buch). Danach könnte eine Lösung darin bestehen, dass eine Freundschaft mit einem Bären eine unvollkommene Freundschaft wäre, weil sie nicht auf einer Wesensgleichheit beruht und nur von einer bestimmten Dauer wäre. Auf jeden Fall würde Robinson einen Nutzen aus der Freundschaft mit dem Bären ziehen, weil dieser ihm Gesellschaft leisten und vor anderen Tieren beschützen würde.

1.4 Problemfelder der Angewandten Ethik

Die Angewandte Ethik entstand im 20. Jahrhundert als Reaktion auf die wissenschaftlich-technische Entwicklung. Neuere Erkenntnisse in Medizin, Biomedizin oder der Nuklearforschung haben dazu geführt, über die Grenzen des Machbaren nachzudenken: Dürfen Menschen alles machen, was in der Wissenschaft möglich ist? Welche Chancen und Risiken sind damit verbunden? Welche ethischen Maßstäbe müssen angelegt werden, damit die weitere Entwicklung kein zerstörerisches Ausmaß annimmt?

Die wichtigsten Themenfelder der Angewandten Ethik sind:

Medizinethik: Beschäftigt sich mit Fragen vom Anfang und Ende des menschlichen Lebens. Wichtige Problemfelder sind: Apparatemedizin, Organtransplantation und Sterbehilfe

Bioethik: Untersucht im Wesentlichen die Zusammensetzung und Beeinflussbarkeit der (menschlichen) Gene. Wichtige Problemfelder sind: Klonen von Lebewesen (Herstellen von (menschlichen) Duplikaten durch Manipulation des Erbgutes), Gentherapie (Ersatz für kranke Gene) und Stammzellenforschung (Gewinnung von Stammzellen aus Embryonen, die dabei vernichtet werden – die Stammzellenforschung dient der Bekämpfung von schweren Krankheiten wie zum Beispiel Alzheimer)

Ökologische Ethik: Analysiert Fragen der menschlichen Verantwortung für die Natur. Wichtige Problemfelder sind: die Bewahrung eines ökologischen Gleichgewichts in der Natur, nachhaltiger Umweltschutz und Erhalt der Artenvielfalt auf der Erde, umweltverträglicher Umgang mit radioaktiven und anderen gefährlichen Abfällen, Schutz der Ozeane und Küstengebiete; Bekämpfung der Wüstenbildung und der Dürren sowie Bekämpfung der Entwaldung

Tierethik: Geht der Frage nach, wie Menschen Tiere behandeln bzw. behandeln sollten. Wichtige Problemfelder sind: Anerkennung der Empfindungs- und Leidensfähigkeit von Tieren, Tierschutz, Begrenzung von Tierversuchen und Massentierhaltung

Wirtschaftsethik: stellt die Frage, wie die Marktwirtschaft ethisch, sozial und ökologisch gestaltet werden kann. Wichtige Problemfelder sind die Unternehmensethik (Umgang mit Konkurrenten auf dem Markt und Preisgestaltung) und die Managementethik (ethische Werte und Unternehmensführung)

Technikethik: beschäftigt sich mit dem Verhältnis von Mensch und Technik. Wichtige Problemfelder sind die Analyse technischer Probleme, welche die Existenz des Menschen gefährden könnten (Chemikalien, Kernkraft, Waffenpotentiale) und die Erarbeitung von ethischen Maßstäben für den Umgang mit der Technik

Medienethik: untersucht den Einfluss der Medien auf Mensch und Gesellschaft. Wichtige Problemfelder sind: Chancen und Risiken moderner Informationstechnologien, Datenschutz, Kontrolle des Internets sowie Gewalt in den Medien, Berufsethos von Journalistinnen und Journalisten

1.4.1 Grundpositionen der Umweltethik

TXT 6

Albert Schweitzer: **Verantwortung gegen alles, was lebt**
Wahrhaft ethisch ist der Mensch nur, wenn er der Nötigung gehorcht, allem Leben, dem er beistehen kann, zu helfen und sich scheut, irgendetwas Lebendigem Schaden zu tun. Er fragt nicht, inwiefern dieses oder jenes Leben als wertvoll Anteilnahme verdient und auch nicht, ob und inwieweit es noch empfindungsfähig ist. Das Leben als solches ist ihm heilig. Er reißt kein Blatt vom Baume ab, bricht keine Blume und hat Acht, dass er kein Insekt zertritt. Geht er nach dem Regen auf die Straße und erblickt einen Regenwurm, so bedenkt er, dass er in der Sonne

vertrocknen muss, wenn er nicht rechtzeitig in die Erde kommt, in der er sich verkriechen kann, und befördert ihn von dem todbringenden Steinigen hinunter ins Gras. Kommt er an einem Insekt vorbei, das in einen Tümpel gefallen ist, so nimmt er sich die Zeit, ihm ein Blatt oder einen Halm zur Rettung hinzuhalten.

Er fürchtet sich nicht, als sentimental belächelt zu werden. Es ist das Schicksal jeder Weisheit, vor ihrer Anerkennung ein Gegenstand des Lächelns zu sein. Einst galt es als eine Torheit, anzunehmen, dass die farbigen Menschen wahrhaft Menschen seien und menschlich behandelt werden müssten. Die Torheit ist zur Wahrheit geworden. Heute gilt es als übertrieben, die stete Rücksichtnahme auf alles Lebendige bis zu seinen niedersten Erscheinungen herab als Forderung einer vernunftgemäßen Ethik auszugeben. Es kommt aber die Zeit, wo man staunen wird, dass die Menschheit so lange brauchte, um gedankenlose Schädigung von Leben als mit Ethik unvereinbar einzusehen. Ethik ist ins Grenzenlose erweiterte Verantwortung gegen alles, was lebt.

*Für Albert Schweitzer steht der Erhalt des Lebens (*bios*) im Mittelpunkt seiner ethischen Überlegungen. Die Menschen sollen sich darum bemühen, alles Lebendige zu schützen und eine „gedankenlose Schädigung“ von Leben zu verhindern. Besondere Rücksichtnahme verdienen auch Lebewesen wie Insekten und Pflanzen, die nicht grundlos vernichtet werden sollen.*

Mit diesen Gedanken erweitert Albert Schweitzer den Begriff der Verantwortung. Er bezieht ihn nicht nur – wie bisher in der Ethik üblich – ausschließlich auf den Menschen, sondern auf alles Lebendige. Die Menschen sollen sich als Teil eines ökologischen Gesamthaushaltes der Natur begreifen.

Der Begriff Ökologie kommt übrigens aus dem Griechischen. Oikos *heißt Haus und* logos *ist die Lehre oder die Weltvernunft (siehe hierzu auch 3.1 in diesem Buch). Ökologie ist also die Lehre, die darauf bedacht ist, mit der Natur zu haushalten. Eingeführt wurde der Begriff ursprünglich von dem Biologen Ernst Haeckel zur Bezeichnung der Wechselwirkung zwischen einzelnen Lebewesen und ihrem Lebensraum. Die Ökologie ist also die Haushaltslehre der Natur.*

Der Begriff „Natur“ wird von dem lateinischen Wort *natura* abgeleitet, was auf Deutsch Geburt heißt. Die Natur umfasst alle Vorgänge, die eigenständig ohne das Zutun des Menschen ablaufen, also wachsen, werden und vergehen. In einer zweiten Bedeutung ist damit auch das Wesen oder die Beschaffenheit einer Sache gemeint: Die Natur, der Kern oder das Wesen der Philosophie ist beispielsweise das Nachdenken über wichtige Lebensfragen.

Albert Schweitzer

Albert Schweitzer (1875–1965) war Mediziner, Theologe, Philosoph, Musikwissenschaftler, Organist und Friedensnobelpreisträger. Er wollte erst Theologieprofessor werden, wandte sich aber dann der Medizin zu. Nach seiner Promotion zum Dr. med. reiste er mit seiner Frau 1913 nach Lambarene in Afrika, wo er ein Urwaldhospital errichtete. Er pendelte in den folgenden Jahrzehnten zwischen Afrika und Europa, wo er auch künstlerische Tourneen als Organist unternahm, um finanzielle Mittel für sein Hospital zu sammeln.

In Afrika unternahm Albert Schweitzer zahlreiche Studien zur Kultur und Ethik in den Weltreligionen; seine Veröffentlichungen zur chinesischen Philosophie fanden internationale Anerkennung. Sein Hauptwerk trägt den Titel „Kulturphilosophie“.

Albert Schweitzers philosophische Position gehört zur Verantwortungsethik. Der Mensch sollte für alles, was lebt, Verantwortung übernehmen.

Grundpositionen der Ökologischen Ethik

Die **anthropozentrische Position**
wird von dem Wort *anthropos* abgleitet, das auf Deutsch „Mensch" heißt. Der Mensch wird als der Maßstab allen Lebens betrachtet und die Natur ist seine Lebensgrundlage, die er nach seinen Bedürfnissen und Interessen gestaltet und verändert. Nur der Mensch und nicht die Natur hat einen moralischen Wert.

Die **pathozentrische Position**:
Das Wort *pathos* heißt auf Deutsch „Empfindung". Menschen und Tiere werden als empfindungsfähig eingestuft. Deshalb müssen die Interessen der Tiere von den Menschen berücksichtigt werden; Tiere dürfen nicht unnötig leiden und müssen geschützt werden.

Die **biozentrische Position**:
Das Wort *bios* bedeutet auf Deutsch „Leben". Alle Lebewesen (Menschen, Tiere und Pflanzen) müssen gleichermaßen geschützt und geachtet werden.

Die **holistische Position**:
Pflanzen, Tiere und Menschen sind naturgeschichtlich verwandt und bilden eine Einheit. Das Wort holistisch heißt auf Deutsch „das Ganze betreffend". Die Natur existiert nicht für den Menschen, sondern um ihrer selbst willen. Die ganze belebte und unbelebte Natur muss geschützt werden.

1.4.2 Was ist Tierethik?

Die englische Philosophin Mary Wollstonecraft (1759–1797) war die erste Vertreterin der Tierethik. Diese spezielle Form der Ethik beschäftigt sich mit der Frage, wie Menschen und Tiere miteinander leben sollten. Darf der Mensch die Tiere für seine Zwecke grenzenlos benutzen? Oder haben Tiere ein eigenes Lebensrecht?

Mary Wollstonecraft entschied sich für die erste Position; sie war eine Anthropozentristin (siehe auch die vorherige Seite in diesem Buch).

Noch im 17. Jahrhundert galten Tiere als eine Sache, die mit einer Maschine verglichen wurde. Philosophen gestanden ihnen zwar zu, Schmerz zu empfinden, aber nur rein äußerlich. Denn Tiere wüssten im Gegensatz zu Menschen nicht, dass sie leiden. Dafür bräuchten sie nämlich eine Seele und ein Bewusstsein, die ihnen ermöglichen würden, über ihre Lage nachzudenken. Da sie damit aber von der Natur nicht ausgerüstet worden sind, könnte man ihre Schreie, die sie beispielsweise bei Schlägen von sich gäben, mit den Geräuschen der Springfeder einer Uhr vergleichen.

Diese Auffassung war ein Freibrief dafür, dass Grausamkeiten gegenüber „Tiermaschinen“ in den vergangenen Philosophieepochen als ganz normal angesehen wurden. Sogar Wissenschaftler schlitzten Tiere bei lebendigem Leib auf, um beispielsweise ihren Blutkreislauf zu studieren. Die Schreie der Kreaturen ließen sie völlig kalt; denn eine Maschine kann nicht leiden. Davon ging insbesondere der französischen Philosoph René Descartes (1596–1650) aus.

Ursula Wolf:

Mitleiden als moralische Kategorie im Umgang mit Tieren

TXT 7

Bei Haustieren übernimmt der Mensch die Rolle des Sozialpartners des Tiers. Hier bestehen daher moralische Situationen, die denen zwischen Personen durchaus analog sind. Wer einmal mit einem Hund oder einer Katze zusammengelebt hat, weiß, dass diese Tiere ein gewisses Verständnis davon entwickeln, was sie dürfen und was sie nicht dürfen, dass sie unterscheiden können zwischen Dingen, für die sie etwas können, und Dingen, an denen sie unschuldig sind, dass sie Gewohnheitsrechte beanspruchen, dass ihnen daran liegt, beachtet zu werden usw. Dass funktionierende soziale Beziehungen ein unverzichtbarer

Bestandteil des tierischen Wohls sind, ist in diesem Fall, in dem wir selbst die Sozialpartner sind, besonders deutlich erkennbar, weil Tiere, wenn man sie gegen ihre sozialen Bedürfnisse willkürlich behandelt, schwere Verhaltensstörungen entwickeln.

Ich fasse jetzt die praktischen Konsequenzen im Ganzen zusammen. Vom Standpunkt der Moral generalisierten Mitleids folgt, dass vieles, was Menschen den Tieren antun, zweifellos unzulässig ist. Das gilt, wie im Detail gezeigt, generell für die Praxis der Massentierhaltung und des Tierversuchs. Denn die so benutzten Tiere leben unter Bedingungen, die durchgängig und systematisch ein Leben in subjektivem Wohlbefinden ausschließen. Dieselbe systematische Verhinderung liegt vor, wo Tiere ihr Leben lang in Zoos, Käfigen usw. eingesperrt werden. Ich habe diese Fälle der durchgängigen Verhinderung des Wohls betont, weil hier besonders deutlich ist, dass der verbreitete Hinweis, dass es ohnehin kein Leben ohne Leiden gibt, irrelevant ist. Der entscheidende Bezugspunkt der moralischen Zulässigkeit ist in meiner Konzeption das Wohl oder gute Leben, nicht punktuelle Zustände von Lust und Unlust. Ich möchte damit nicht das umgekehrte Missverständnis erzeugen, dass die Zufügung von einzelnem Leiden kein Problem wäre. Gerade wenn man Leidenserfahrungen nicht isoliert, sondern als Bestandteil des Lebens im Ganzen sieht, der erinnert wird und sich auf das künftige Verhalten auswirkt, bedeutet jedes Leiden eine Minderung des Wohls. Was ich sagen will, ist nur, dass solche Minderungen manchmal unvermeidlich sind; wo sie es nicht sind, verstößt auch die Zufügung vorübergehenden Leidens gegen die moralische Rücksicht. Solche unnötigen Zufügungen von Leiden sind z. B. das Jagen von Tieren, ihre Verwendung in Kampfspielen wie Stierkämpfen und Hahnenkämpfen usw.

Nach Auffassung der deutschen Philosophin Ursula Wolf sind Tiere leidensfähige Wesen, denen kein unnötiges Leid zugefügt werden darf. Deshalb engagiert sich Ursula Wolf auch gegen Tierversuche und Massentierhaltung.

Sie will den Anthropozentrismus überwinden und stattdessen erreichen, dass die Menschen auch die Würde der Tiere achten. Denn Tiere sind selbständige Wesen, die unabhängig vom Menschen ihre Interessen und Wünsche haben: beispielsweise gutes Futter und einen sozialen Verbund mit ihren

Artgenossen. Menschen hingegen haben auch ein Interesse an guter Ernährung und an guter Gesundheit, für die unter anderem Tierversuche notwendig sind. Und nun werden die verschiedenen Interessen in eine Waagschale geworfen und unparteiisch abgewogen. Und wenn die Interessen der Menschen beispielsweise das Übergewicht bilden, dann muss es einen Ausgleich zu den Interessen der Tiere geben.

Auszug aus dem Tierschutzgesetz

§ 7(1) Tierversuche im Sinne dieses Gesetzes sind Eingriffe oder Behandlungen an Tieren zu Versuchszwecken, die mit Schmerzen, Leiden oder Schäden für die Tiere verbunden sein können.

(2) Tierversuche dürfen nur durchgeführt werden, soweit sie zu einem der folgenden Zwecke unerlässlich sind:

1. Vorbeugen, Erkennen oder Behandeln von Krankheiten, Leiden, Körperschäden oder körperlichen Beschwerden oder Erkennen oder Beeinflussen physiologischer Zustände oder Funktionen bei Mensch oder Tier,
2. Erkennen von Umweltgefährdungen,
3. Prüfung von Stoffen oder Produkten auf ihre Unbedenklichkeit für die Gesundheit von Mensch oder Tier oder auf ihre Wirksamkeit gegen tierische Schäden,
4. Grundlagenforschung.

Bei der Entscheidung, ob Tierversuche unerlässlich sind, ist insbesondere der jeweilige Stand der wissenschaftlichen Erkenntnisse zugrunde zu legen und zu prüfen, ob der verfolgte Zweck nicht durch andere Methoden oder Verfahren erreicht werden kann.

(3) Versuche an Wirbeltieren dürfen nur durchgeführt werden, wenn die zu erwartenden Schmerzen, Leiden oder Schäden der Versuchstiere im Hinblick auf den Versuchszweck ethisch vertretbar sind. Versuche an Wirbeltieren, die zu länger anhaltenden oder sich wiederholenden erheblichen Schmerzen oder Leiden führen, dürfen nur durchgeführt werden, wenn die angestrebten Ergebnisse vermuten lassen, dass sie für wesentliche Bedürfnisse von Mensch oder Tier einschließlich der Lösung wissenschaftlicher Probleme von hervorragender Bedeutung sind.

(4) Tierversuche zur Entwicklung oder Erprobung von Waffen, Munition und dazugehörigem Gerät sind verboten.

(5) Tierversuche zur Entwicklung von Tabakerzeugnissen, Waschmitteln und dekorativen Kosmetika sind grundsätzlich verboten. Der Bundesminister wird ermächtigt, durch Rechtsverordnung mit Zustimmung des Bundesrates Ausnahmen zu bestimmen, soweit es erforderlich ist, um konkrete Gesundheitsgefährdungen abzuwehren, und soweit die notwendigen neuen Erkenntnisse nicht auf andere Weise erlangt werden können.

§8 (1) Wer Versuche an Wirbeltieren durchführen will, bedarf der Genehmigung des Versuchsvorhabens durch die zuständige Behörde.

Ursula Wolf wurde 1951 geboren. Sie ist Professorin für Philosophie mit Schwerpunkt Ethik an der Universität Mannheim. Sie promovierte 1978 mit einer Arbeit über das Verhältnis von Möglichkeit und Notwendigkeit in den Schriften des griechischen Philosophen Aristoteles. Zu ihren wichtigsten Bücher gehören „Das Problem des moralischen Sollens“ und „Das Tier in der Moral“. Ursula Wolf engagiert sich gegen Massentierhaltung und Tierversuche.

1.4.3 Darf man in der Technik alles machen?

Der Kategorische Imperativ des 20. Jahrhunderts
Zur Wiederholung: Der Kategorische Imperativ von Immanuel Kant (siehe auch 1.3.3 in diesem Buch):

Handle nur nach derjenigen Maxime, durch die du zugleich wollen kannst, dass sie ein allgemeines Gesetz werde.

Der deutsch-jüdische Philosoph Hans Jonas hat in seinem Buch „Das Prinzip Verantwortung – Versuch einer Ethik im Zeitalter der technischen Zivilisation“ die Entwicklung der Technik im 20. Jahrhundert analysiert und die Zerstörung der Natur durch den Menschen kritisiert:

Ein Imperativ, der auf den neuen Typ menschlichen Handelns passt und an den neuen Typ von Handlungssubjekt gerichtet ist, würde etwa so lauten: „Handle so, dass die Wirkungen deiner Handlung verträglich sind mit der Permanenz[1] echten menschlichen Lebens auf Erden"; oder negativ ausgedrückt: „Handle so, dass die Wirkungen deiner Handlung nicht zerstörerisch sind für die künftige Möglichkeit solchen Lebens"; oder einfach: „Gefährde nicht die Bedingungen für den indefiniten Fortbestand der Menschheit auf Erden" [...].

Der neue Imperativ sagt eben, dass wir zwar unser eigenes Leben, aber nicht das der Menschheit wagen dürfen; und dass Achill[2] zwar das Recht hatte, für sich selbst ein kurzes Leben ruhmreicher Taten einem langen Leben ruhmloser Sicherheit zu wählen (unter der stillschweigenden Voraussetzung nämlich, dass eine Nachwelt da sein wird, die von seinen Taten zu erzählen weiß); dass wir aber nicht das Recht haben, das Nichtsein künftiger Generationen wegen des Seins der jetzigen zu wählen oder auch nur zu wagen!

[1] Fortbestehen, [2] Held aus der griechischen Mythologie

Nach Ansicht von Hans Jonas hat sich die bisherige Ethik immer nur auf den Menschen bezogen und nicht berücksichtigt, welche Auswirkungen menschliche Handlungen auf die außermenschliche Natur und zukünftige Generationen haben könnten. Er wirft deshalb der Ethik anthropozentrisches Denken vor (siehe auch Seite 34 in diesem Buch) und erweitert den Kategorischen Imperativ von Immanuel Kant: Die Menschen sollen in ihr Denken und Handeln auch die Natur und deren Existenz für künftige Generationen mit einbeziehen. Denn Menschen dürfen zwar ihr eigenes Leben aufs Spiel setzen, nicht aber die Existenz der gesamten Menschheit. Deshalb appelliert Hans Jonas an unsere Verantwortung.

Wesentliche Elemente der Verantwortung

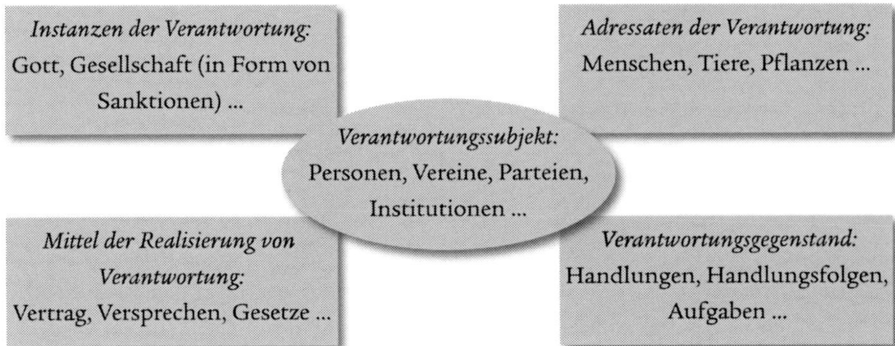

Hans Jonas (1903–1993) gehörte zu den bedeutendsten jüdischen Philosophen des 20. Jahrhunderts. Er wurde als Sohn eines Textilfabrikanten in Mönchengladbach geboren und entwickelte schon als Vierzehnjähriger einen großen Gerechtigkeitssinn. So verurteilte er beispielsweise die in der Schule gefeierte Vernichtung eines britischen Truppentransportes durch deutsche U-Boote während des I. Weltkrieges (1914–1918) als „nicht menschlich".

Im Jahr 1921 begann Hans Jonas Philosophie, Theologie und Kunstgeschichte zu studieren. Er bekannte sich während seines ganzen Lebens zum Judentum und den damit verbundenen kulturellen und historischen Traditionen. Deshalb studierte er von 1921–23 an der „Hochschule für die Wissenschaft des Judentums" in Berlin. Schon damals hatte er den Wunsch, nach Palästina zu den „Wurzeln" seiner Kultur auszuwandern. Nach der Machtergreifung durch die Nationalsozialisten ging der Philosoph 1933 zunächst nach London und dann nach Palästina, wo er eine Zeitlang in einem Kibbuz verbrachte. Dort leben und arbeiten mehrere Familien in einer größeren Einheit zusammen und verwalten gemeinsam den durch ihre Arbeit erwirtschafteten Gewinn.

1938 erhielt Hans Jonas eine Professur an der Hebräischen Universität von Jerusalem. Er schloss u.a. Freundschaft mit dem jüdischen Philosophen und Theologen Martin Buber (1878–1965). Nach dem Ausbruch des II. Weltkrieges wurde Jonas Offizier der britischen Armee und kam in dieser Funktion 1945 nach Deutschland zurück, nachdem er

1943 seine Jugendfreundin Lore Wiener geheiratet hatte. In Mönchengladbach erfuhr er von dem Tod seiner Mutter im Konzentrationslager Auschwitz. Hans Jonas verließ Deutschland und nahm das Angebot an, Professor in Kanada zu werden.

Von 1955–1976 unterrichtete er an der New School for Social Research in New York.

In Berlin gibt es heute ein Hans-Jonas-Zentrum, in dem das Leben und Wirken des Philosophen erforscht und dokumentiert wird. Er gilt als der Vordenker der ökologischen Ethik und Kritiker einer ungebremsten technischen Entwicklung der Menschheit.

1.4.4 Gewalt in den Medien?

TXT 9

Dieter Stolte: **Infotainment**

Wenn die Information zur Unterhaltung wird – programmtechnisch „Infotainment" genannt – verliert die Wirklichkeit ihre Authentizität und damit einen Teil ihrer Gültigkeit, verliert sie aber auch ihren Ernst und ihre Würde. Das heikelste, aber vielleicht überzeugendste Beispiel nicht für Infotainment, aber für das schleichende Nachlassen einer realistischen Einschätzung wirklicher Gefahren war ein neuer Typ von Journalisten im Irak-Krieg des Frühjahrs 2003: der „embedded Journalist". Unter diesem Banner zogen rund 600 Journalisten mit den amerikanischen und britischen Soldaten zu Fuß, per Panzer, im Hubschrauber oder mit dem Schiff in den Krieg gegen Saddam Hussein, um vor Ort aktuell und authentisch zu berichten. Andere quartierten sich mitten in Bagdad ein, um Augenzeugen der Bombardements auf die im Umkreis von weniger als einem Kilometer gelegenen Präsidentenpaläste zu sein. Sie fühlten sich als Zaungäste des Krieges am Rande des Geschehens völlig sicher und waren umso überraschter, als auch ihr Hotel, entgegen den Absprachen, angegriffen wurde. Bei allem Respekt vor der Schwere der journalistischen Aufgabe und vor der qualitativen Güte ihrer Ausführung sind dabei die Grenzen zur Realität mehr als verschwommen. Jede gewöhnliche Baustelle hat Absperrungen, jede Schnellstraße Leitplanken, jeder Staatsbesuch Straßensperren und jede Sportveranstaltung strenge Begrenzungslinien. Fernsehkameras freilich können jede Grenze überspringen, jedes Hindernis überwinden, jede Schwelle übertreten, können durch jede Tür und, wo nicht, durch jedes Schlüsselloch dringen und nach und nach jedes Tabu brechen. Während es dabei den einen Journalisten um Information geht, nutzen andere die gleiche Situation zur Sensation. Ernst wird schnell zum Spiel, und das Spiel wird zunehmend ernst: Ein Dutzend Journalisten kamen so im Irak in Ausübung ihrer Aufgabe ums Leben.

Dieter Stolte war lange Zeit Intendant des ZDF. Er kritisiert in dem Beitrag die Gier nach Sensationen, die sich in den Nachrichtenabteilungen der großen Medienanstalten herausgebildet hat. Es geht nicht mehr um sachliche Informationen der Zuschauerinnen und Zuschauer, sondern um Unterhaltung, Quote und die Befriedigung von Sensationslust. Dafür nehmen Journalisten sogar die Bedrohung ihres eigenen Lebens in Kauf. Denn wer zuerst das Unglaubliche berichtet oder filmt, verdient das meiste Geld. Ethische Grenzen der Berichterstattung gibt es (fast) nicht mehr. Die Gefahren in der Realität werden oftmals unterschätzt und als Medienereignis inszeniert. Das journalistische Berufsethos wird am Gewinn gemessen. Erlaubt und bezahlt wird, was gefällt.

Dieter Stolte wurde 1934 in Köln geboren. Dort verbrachte er den größten Teil seiner Jugend. Nach dem Abitur studierte er von 1955 bis 1961 Philosophie, Geschichte und Germanistik in Tübingen und Mainz. Sein Studium verdiente sich Stolte u.a. als freier Mitarbeiter beim Radio und kam so zum ersten Mal mit den Funkmedien in Kontakt.

Nach dem Studium begann Dieter Stolte 1961 seine Tätigkeit in den Medien beim Saarländischen Rundfunk als Leiter der Abteilung Wissenschaft. 1962 ging er zum neu gegründeten Fernsehsender ZDF und wurde dort persönlicher Referent von Intendant Karl Holzamer. Von dieser Position aus startete er seine Karriere: Er war zunächst Leiter der Programmplanung, dann Programmdirektor und schließlich Intendant des Senders. In seiner zwanzigjährigen Amtszeit gründete er u.a. den Kulturkanal 3sat. Seit 1980 ist Dieter Stolte Professor für Medientheorie und Medienpraxis an der Hochschule für Musik und Theater in Hamburg. Er erhielt zahlreiche Medienpreise, u.a. den Bambi und die Goldene Kamera.

Infotainment versucht, mit Mitteln der Unterhaltung Informationen zu vermitteln. Dabei werden von Journalistinnen und Journalisten mehr und mehr Unternehmungen veranstaltet, um den Sendern oder Zeitungen hohe Einschalt- bzw. Auflagenquoten zu bringen.

1.4.5 Lernerfolgskontrolle

1. Vergleichen Sie die beiden Sichtweisen der Wirklichkeit im Text von Herbert Franke: Wie beurteilen die „seltsamen Wesen“ auf dem Planeten ihre Umwelt, und wie wird sie von den Astronauten bewertet?
2. Wie verhalten sich die Astronauten gegenüber dem Doppelwesen? Lässt sich ihr Verhalten als ethisch bewerten? Begründen Sie Ihren Standpunkt.
3. Welcher Zusammenhang besteht zwischen der Geschichte und den Problemen der Angewandten Ethik?

Herbert W. Franke: Die Menschen auf dem Planeten

Das Leben der Doppelwesen

Nie konnten wir genug davon kriegen, durch die Gärten zu streifen, zwischen den Mooshecken hindurch zu wandern, über die jadegrünen Terrassen zu steigen, hinunter zum See. An seinem Ufer saßen wir stundenlang, beobachteten die Dampfwolken der heißen Quellen, sahen zu den hoch geschichteten Stufenbergen hinüber, über denen in den Nächten das Nordlicht seine Farbsymphonien erstrahlen ließ. Wir labten uns an der absoluten Stille, seit es nicht mehr notwendig war zu sprechen. Als die Meldung gesendet wurde, schrieben wir gerade die Ergebnisse unserer ontologischen Experimentalserie in einen der alten, ledergebundenen Bände. Seit wir diesen Planeten erworben hatten, waren wir noch nicht gestört worden. Noch nie hatten wir die Aggregate ausprobiert. Nun eilten wir zur Pyramide hinüber und sahen durch den Verstärkerschirm die Raumflotte ankommen. Wir legten die Hand auf den Knopf des

Transportators und beobachteten, wie ein Geschwader nach dem anderen in den Raum hinausgeschleudert wurde – Pünktchen, die im Nichts verschwanden. Schon wollten wir uns in die Gärten zurückziehen, als eine erneute Meldung durchkam: Die Schiffe kehrten zurück. Wir waren so erstaunt, dass wir eine Stufe übersahen und zu Boden stürzten. Es war ein eigentümliches Gefühl für uns, wieder Schmerz zu verspüren.

Das musste eine Rasse von ungeheurer Beharrlichkeit sein. Diesmal hatten sie sich geteilt und kamen von vielen Seiten auf uns zu. Die Zielvorrichtung konnte nicht so schnell ihre Winkel ändern, um alle abzufangen – einige kamen in die Sperrzone und stürzten ab. Die meisten fielen in den See, ein Schiff aber ging gar nicht weit von uns am Ufer nieder.

Es war in mehrere Stücke zerbrochen, in weitem Umkreis fanden wir den Boden rauchschwarz. Wir sahen auch einige der Insassen in seltsam verkrümmten Stellungen herumliegen. Wir ließen den Platz rasch reinigen, denn in uns stiegen Erinnerungen auf, die unser Denken empfindlich störten – an turbulente Geschehnisse, die weit zurücklagen. An die Zeit, als wir noch zwei getrennte Wesen waren.

Die Landung der Astronauten

Verfluchte Schweinerei! 20 Raumschiffe beim Teufel. Eine ganze Staffel mussten wir opfern, um ein magnetisches Sperrfeld zu absorbieren. Im richtigen Augenblick schlüpften wir dann mit zwanzig anderen Raumschiffen durch. Glück gehabt: Ich war bei der zweiten Staffel!

Und das alles für einen Dreck. Hier ist nichts los. Schmutzig grünes Gestein, wenig Pflanzen, ein paar Büschel glitschiges Moos und eine erdrückende Hitze. Sie kommt aus dem Boden. Dort unten muss alles radioaktiv sein. Einige Seen kochen und dampfen, als würde jemand von unten einheizen.

Wir waren alle bis an die Zähne bewaffnet, als wir den Planeten in Trupps durchstreiften. Langweilige Sache. Tagelang rannten wir umsonst in diesem Waschkessel herum wie die Irren. Was wir fanden, waren zwei komische, völlig miteinander verwachsene Wesen, die aussahen wie hornlose Ochsen mit platt gedrückten Köpfen. Sie konnten sich kaum richtig bewegen.

Der Bio sagte, das sei irgendeine Missbildung. Ergab ihnen Äther zum

Schnupfen und schnitzelte dann eine Stunde an ihnen herum, endlich hatte er sie auseinandergesäbelt. Er war mächtig stolz darauf.

Als sie aus der Narkose erwachten, sahen sie sich an und stießen seltsame Laute aus. Dann sprangen sie wie auf ein Kommando auf, stürzten davon und fielen ins siedende Wasser des Sees. Es sah aus, als wollten sie sich ertränken. Der Bio fluchte nicht schlecht! Wir aber ließen sie eine Weile kochen und fischten sie dann wieder heraus. Das war ein Festessen nach den ewigen Konserven. Wir fanden dann noch einige alte Gebäude und eine Abwehranlage, die tadellos in Schuss war – wahrscheinlich alles automatisch. Lebendiges war nicht mehr da. Wer bleibt auch schon auf einem solchen traurigen Fleck?

Exemplarische Lösung

Zu Aufgabe 1:
Aus der Sicht der Doppelwesen ist die äußere Wirklichkeit etwas Bewundernswertes. Sie können nicht genug davon bekommen, die Landschaft zu genießen. Sie streifen durch die Gärten, durchwandern die Mooshecken und steigen über jadegrüne Terrassen. Sie sitzen stundenlang an den Ufern des Sees und beobachten die Dampfwolken der heißem Quellen. Sie erfreuen sich an der absoluten Stille und reden nicht miteinander.

Im Gegensatz dazu ist diese Wirklichkeit für die Astronauten nur Dreck mit schmutzigem grünen Gestein, wenig Pflanzen, ein paar Büscheln glitschigem Moos und erdrückender Hitze. Diese kommt aus dem Boden, der vermutlich radioaktiv ist.

Die unterschiedliche Einschätzung betrifft nicht nur die Landschaft. Das Doppelwesen, das über eine gewisse Macht verfügt – es lässt den Platz reinigen – hat in der Zweisamkeit sein Glück gefunden. Die Astronauten sehen in ihm eine Missbildung mit plattgedrückten Köpfen.

Zu Aufgabe 2:
Die Astronauten begegnen dem Doppelwesen aufgrund seiner Andersartigkeit nicht mit Respekt. Sie benutzen es für wissenschaftliche Zwecke und durchtrennen es, obwohl sie merken, dass es sich um ein vernünftiges Wesen handelt. Später entwickeln sie sogar eine Art Kannibalismus

und verspeisen das Doppelwesen als willkommene Abwechslung auf dem Küchenzettel.

Diese Verhaltensweise ist nicht ethisch, weil entgegen dem Kategorischen Imperativ von Immanuel Kant das Doppelwesen in seiner Andersartigkeit nicht respektiert und als Mittel zum eigenen Zweck (Befriedigung von Nahrungsbedürfnissen) verwendet wird.

Zu Aufgabe 3:
Die Geschichte thematisiert unterschiedliche Wahrnehmungen der Natur (auf einem Planeten). Darüber hinaus spricht sie Probleme der anthropozentrischen Ethik an: die Astronauten (wahrscheinlich Menschen) befriedigen ihre wissenschaftlichen und animalischen Bedürfnisse, indem sie das Doppelwesen erst trennen – vermutlich um die Reaktion zu testen – und später verspeisen. Andere Wesen werden den Interessen der Astronauten untergeordnet.

1.5 Problemfelder der Religiösen Ethik

1.5.1 Was heißt religiös sein?

X

Das Wort Religion kann von dem lateinischen Verb *religare* abgeleitet werden, was auf Deutsch „binden“ oder „verbinden“ heißt. Die Religion bindet einen Menschen an ein übersinnliches Prinzip, das unterschiedliche Gestalt annehmen kann. Einerseits wird darunter eine überindividuelle Person wie z. B. Gott oder das indische „Brahman“ verstanden oder ein unpersönliches Prinzip wie das Tao (das Ewige und Unteilbare) in der chinesischen Religion (siehe auch 1.5.7 in diesem Buch).

Das Gemeinsame aller Religionen besteht darin, dass Menschen an dieses übersinnliche Prinzip glauben *und* durch sorgfältige Betrachtung bestimmter Praktiken und Rituale wie z. B. Gebete ihre Verehrung zum Ausdruck bringen.

In vielen Religionen gibt es Gotteshäuser (Tempel, Kirchen), in denen diese Verehrung gemeinsam mit anderen Gläubigen vollzogen wird.

Religionen können entweder einen monotheistischen Charakter haben, d. h. von einem einzigen Gott ausgehen, oder aber polytheistisch mehrere Götter verehren wie z. B. die alten Griechen.

Dorothee Sölle: **Religion bewusst wählen**

TXT 10

Menschen treffen heute eine bewusste religiöse Entscheidung. Die Religion des Dorfes hat man geerbt, man wurde in sie hineingeboren. Die neuen Formen von Religion – seien sie christlich oder fernöstlich oder aus anderen Kulturkreisen – sind bewusst gewählt.

Religion lässt sich heute nicht mehr ererben, das ist das Ergebnis der Aufklärung und des Menschheitsumzuges in die Stadt. Damit hängt ein zweites Element zusammen: Die Entscheidung für eine religiöse Überzeugung erfolgt kritisch, nicht naiv. Nicht alles wird rezipiert[1], wir verhalten uns selektiv, auswählend. Schon Lessing[2] hat das verstanden als er fragte: „Soll ich denn die Arznei mit der Schachtel fressen?“ Muss ich jedes Wort in der Bibel glauben und befolgen? Die Antwort darauf ist ein klares Nein. Auch die strikt Bibelgläubigen heiraten nicht die Frau ihres Bruders, wenn dieser stirbt. Die Autorität des Pfarrers, der

Schrift, der Amtskirche – ist mit dem Auszug aus dem religiösen Dorf dahin. [...] Wer zu einer kritischen Bejahung des Glaubens gekommen ist [...], der kämpft auch um die Entwicklung neuer Lebensformen der Religion.

1 übernommen

2 Gotthold Ephraim Lessing (1729–1781), deutscher (Fabel-)Dichter und Dramatiker

Die Theologin Dorothee Sölle weist auf zwei Aspekte von moderner Religiosität hin: Zum einen übernehmen viele Menschen nicht mehr einfach von ihren Eltern eine bestimmte Religion, wie das in früheren Gesellschaften insbesondere auf dem Land funktioniert hat. Sie wählen oftmals bewusst einen Glauben (oder auch keinen).

Der zweite Aspekt betrifft die kritische Einstellung gegenüber einer gewählten Religion. Die Aufklärungsbewegung, an deren Spitze der Philosoph Immanuel Kant stand (siehe Seite 26 in diesem Buch) hat die Menschen zum eigenen Gebrauch der Vernunft erzogen. Deswegen vertrauen die Menschen nicht mehr uneingeschränkt und vorbehaltlos der Autorität bestimmter Instanzen wie dem Pfarrer oder der Bibel.

Unter Konfession wird im heutigen Sprachgebrauch die Zugehörigkeit zu einer bestimmten Kirche verstanden.

Dorothee Sölle (1929–2003) war eine der bedeutendsten deutschen Theologinnen des 20. Jahrhunderts. Sie studierte Theologie, Philosophie und Literaturwissenschaft. Danach arbeitete sie als Religionslehrerin und seit 1960 auch als Schriftstellerin und Privatdozentin für neuere deutsche Literaturgeschichte an der Universität Hamburg. Von 1975–1987 lehrte Dorothee Sölle als Professorin für evangelische Theologie in New York. Sie wirkte auch in der Friedensbewegung und in zahlreichen kirchlichen Organisationen mit. So war sie beispielsweise Mitinitiatorin des sogenannten Politischen Nachtgebets von 1968–1972 in Köln, wo u. a. gegen den Nato-Nachrüstungsbeschluss und für mehr soziale Gerechtigkeit auf der Welt gebetet wurde.

Für Dorothee Sölle war die Lehre von der Allmacht Gottes Gegenstand kritischen Nachdenkens. Sie vertrat die Meinung, dass Gottes Wirken in dieser Welt abhängig ist vom Handeln der Menschen („Gott hat keine anderen Hände als unsere.“). Die Theologin vertrat darüber hinaus auch eine politische Theologie, die sich durch eine radikale Diesseitigkeit und kritische Sicht auf die Bibel auszeichnete. Ihre Ideen waren von der Befreiungstheologie Südamerikas geprägt, die durch sie in Deutschland erst bekannt wurde.

Zu Dorothee Sölles wichtigsten Werken gehören „Politisches Nachtgebet in Köln“ (o. J.) und „Gott denken. Einführung in die Theologie“ (1990).

Kleines Lexikon zum Begriff „Religion“

Aberglaube:
Glaube an Geister oder andere übernatürliche Gestalten

Animismus:
Lebewesen und leblose Dinge werden als beseelt betrachtet

Astralmythologie:
Sterne, Sonne und Mond werden als personifizierte Mächte gesehen, die das Leben der Menschen beeinflussen

anthropomorph:
Vorstellung Gottes in menschenähnlicher Gestalt

Atheismus:
Die Existenz Gottes wird bezweifelt und teilweise bekämpft

Deismus:
Glaube, dass Gott die Welt erschaffen, sie aber ihrem eigenen Schicksal überlassen hat

Konfession:
Bekenntnis zu einer bestimmten Religion oder Kirche

Magie:
Handlungen und Gesten, die übernatürliche Kräfte als Werkzeug für bestimmte Handlungen benutzen wollen. „Weiße Magie“ geschieht zugunsten einer Person, „Schwarze Magie“ zu ihrem Unheil

Manismus (Totenkult):
Glaube, dass die Toten mit ihrer Familie in Verbindung stehen, teils gnädig, teils rachsüchtig

Monotheismus:
Glaube an einen einzigen Gott

Mythos:
Symbolhafte Erzählung über den Ursprung der Welt und des Menschen

Naturreligion:
Glaubenselemente und -formen der Naturvölker, z. B. in Afrika, Lateinamerika oder Australien

Offenbarungsreligionen:
Religionen, in denen Gott selbst Kunde gibt über sich und religiöse Dinge

Ökumene:
Das Wort kommt von dem griechischen Wort *oikumene* und bezeichnet „die ganze Erde“. Es dient als Sammelbegriff für die Zusammenarbeit aller (großen) Religionen

Pantheismus:
Die Welt wird als ein Teil des Absoluten angesehen, d.h. Gott wirkt in der Welt

Polytheismus (Vielgötterei):
Glaube an eine Vielzahl unterschiedlicher Mächte

Religionswissenschaft:
erforscht Religionen in allen ihren Erscheinungsformen und Wirkungen, ohne Berücksichtigung eines festliegenden religiösen Standpunktes

Theologie:
Wissenschaft von Gott

Tabu:
Gegenstände oder Wesen, die gemieden werden müssen, weil sie das Unreine, Außergewöhnliche, Gefährliche oder das Andere verkörpern

Totem:
Tiere oder Gegenstände, denen mythische oder verwandtschaftliche Beziehungen zu Gruppen oder Einzelpersonen zugeschrieben werden

Weltethos:
ökumenische Bewegung aller großen Religionen, mit dem Ziel einen gemeinsamen ethischen Kern aller Religionen zu finden. Als Initiator gilt der Tübinger Theologe Hans Küng

1.5.2 Die jüdische Religion

Die jüdische Religion ist eine der ältesten Religionen der Welt. Nach den heiligen Schriften der Juden kam Abraham vor ungefähr 4000 Jahren mit seiner Familie nach Kanaan im heutigen Israel. Gott schloss mit ihm einen Bund. Darin verpflichtete er sich, der Gott der Juden zu sein. Darüber berichtet das Alte Testament der Bibel, das die Geschichte des jüdischen Volkes und seiner Religion umfasst.

Die Zehn Gebote

Die Zehn Gebote sind uralte jüdische sowie christliche Normen aus dem Alten Testament. Sie wurden nach der Überlieferung der Bibel Moses, der das Volk Israel bei seiner Flucht aus Ägypten durch die Wüste führte, von Gott am Berg Sinai übermittelt.

In dem folgenden Textauszug aus dem Buch „Theos Reise“ der französischen Religionswissenschaftlerin und Schriftstellerin Catherine Clément trifft der Jugendliche Theo in Jerusalem einen Rabbiner, mit dem er über die Bedeutung der Zehn Gebote diskutiert.

„Wie gesagt, haben wir uns bereits vor den Christen und Muslimen zu dem einen, einzigen Gott bekannt“, fuhr der Rabbiner fort. „Er ist der Ewige, der war, ist und sein wird. Sein Name bedeutet: Ich bin da als der ‚Ich-bin-da‘.“

„Der ‚Ich-bin-da‘, komischer Name für einen Gott!“, wunderte sich Theo.

„Dieser rätselhafte Name wurde in der jüdischen Tradition verschieden erklärt. Uns war immer wichtig, dass Gott eine Beziehung zu uns hat. Gott war für uns da, er ist für uns da und wird auch in Zukunft für uns da sein.“

„Aber wie können Sie behaupten, dass Gott für euch da ist, wenn es euch doch so oft schlecht ergangen ist?“, fragte Theo. „Jüdische Gelehrte haben auch die Auffassung vertreten, dass Gott unbegreiflich und unerkennbar ist. Wir glauben aber, dass Gott nicht fern im Himmel thront, sondern uns auch im Leiden nahe ist. Gott geht mit uns sogar ins Exil. Er ist der, der da ist!“

„Vorausgesetzt, man glaubt an ihn!“, begehrte Theo auf.

„Auch wenn du nicht an ihn glaubst, ist er da“, erwiderte der Rabbiner. „Aber es wird dir schwer fallen, zu leben. Woran kannst du dich festhalten? An deinen Eltern? Sie werden eines Tages sterben. An deinem Land? Es kann ausgelöscht werden. Also an dir selbst?! Aber du veränderst dich. Wer sagt dir, was verboten ist? Wahrscheinlich bildest du dir ein, du würdest nicht töten, weil es schlecht ist und weil du ein gutes Herz hast. Irrtum! Du wirst nicht töten, weil dieses das sechste der Zehn Gebote des Ewigen ist. Du wirst nicht töten, weil das Judentum der Welt die moralischen Gesetze für das Miteinanderleben weitergegeben hat. Und genauso verhält es sich mit den neun anderen, die zusammen die Zehn Gebote bilden, das Herz des Judentums.“

„Ich glaube, ich hätte das Verbot zu töten an erste Stelle gesetzt", murmelte Theo. „Welche Gebote kommen davor?"

„Das erste Gebot besagt, dass man keinen anderen Gott als den Ewigen lieben soll. Das zweite, dass man sich kein Gottesbild und keine Darstellung von ihm machen soll. Deshalb stellen wir den Ewigen nicht bildlich dar, denn jedes Bild wäre in Hinblick auf den ‚Ich-bin-da' falsch."

„Aber es gibt doch Bildnisse von Jesus!"

„Ich erinnere dich daran, dass Jesus für uns nicht Gott ist", sagte Rabbi Elieser. „Die Tatsache, dass er dargestellt wird, ist ein Beweis dafür, falls einer nötig war. Ein Bildnis Gottes! Na, hör mal! Man darf nicht einmal den Namen des Ewigen aussprechen. Das dritte Gebot verlangt, den Namen des Herrn nicht zu missbrauchen. Dabei hat man vor allem an Zauber und Meineid gedacht. Das vierte Gebot ist sehr wichtig, Theo: „Gedenke des Sabbats, halte ihn heilig! Sechs Tage darfst du arbeiten, aber der siebte Tag ist ein Ruhetag, dem Herrn, deinem Gott geweiht." Ich gehe nicht so weit wie die, die das Autofahren am Samstag verbieten wollen, aber ich kenne den Sinn des siebten Tages."

„Ich auch. Man soll faulenzen!"

„Nein, mein Junge", widersprach der Rabbiner sanft. „Der siebte Tag ist der Tag der Ruhe. Er ist Gott geweiht. Du hältst endlich inne. Du tust nichts. Erst danach kannst du wieder arbeiten. Denn ist das ein Leben, wenn du die ganze Zeit arbeitest? Der siebte Tag ist nicht nur der Tag der Ruhe, er ist das Fest der Stille. Des Austauschs zwischen der Welt und dir. Eine notwendige Leere."

„Also so etwas wie der Schlaf?"

„Ein sehr wacher Schlaf! Während des Sabbats wachen die Juden nämlich. Statt von Schlaf würde ich eher von Ferien sprechen. Der siebte Tag ist der dem Ewigen vorbehaltene Ferientag. Ein gesegneter Augenblick."

„Das mit den Ferien gefällt mir. Und das fünfte Gebot?"

„Das wird dir auch gefallen", antwortete der Rabbi. „Ehre deinen Vater und deine Mutter, damit du lange lebst in dem Land, das der Herr, dein Gott, dir gibt. Deine Zukunft hängt davon ab. Seine Eltern ehren heißt, sie achten, sie nicht kritisieren, das Andenken an sie bewahren und deinen eigenen Kindern die Zukunft öffnen."

„Wenn man nur seine Eltern zu ehren braucht, um lange zu leben, besteht für mich keine Gefahr", seufzte Theo. „Aber die Ärzte scheinen nicht dieser Meinung zu sein."

„Die Ärzte kennen die Pläne des Ewigen nicht!", entgegnete der Rabbiner mit Nachdruck. „Er allein gebietet. Und er gebietet gut. Er kann beschließen, dich zu heilen."

„Ich nehme Sie beim Wort", sagte Theo.

„Ich werde ihn bitten. Nach der Ehrung der Eltern kommt dann das sechste Gebot: ‚Du sollst nicht morden.' Wenn du nämlich die Offenbarung des Ewigen nicht annimmst, wenn du die Ferien des ‚Ich-bin-da' nicht achtest, wenn du deine Eltern nicht ehrst, wirst du nicht in der Lage sein, zu verstehen, warum man nicht töten soll. Du bist nicht der Ewige. Kein Leben gehört dir."

„Das stimmt", murmelte Theo verblüfft. „So hab ich das noch gar nicht gesehen."

„Die vier anderen Gebote verbieten, die Ehe zu brechen, zu stehlen, falsches Zeugnis abzulegen und etwas zu begehren, was einem andern gehört. Du musst verstehen, dass der Ewige mit der Achtung vor den Eltern auch deine Beziehungen zu deinem Nächsten vorschreibt. Du darfst ihm nicht schaden. Du darfst nichts Unrechtes in die Wahrheit des Seins hineinbringen, weder den Betrug des Ehebruchs noch den Diebstahl, noch die Lüge, noch den Neid. Deshalb haben auch wir Juden zur moralischen Aufrüstung der Menschheit beigetragen. Das ist so wahr, dass unsere Rabbiner behaupten, die Zehn Gebote wären, nachdem sie verkündet wurden, gleichzeitig in siebzig Sprachen übersetzt worden, um von der ganzen Welt verstanden zu werden."

Die Zehn Gebote sind eigentlich bis auf das zweite und dritte Gebot (Sabbat und Ehre für Mutter und Vater) Verbote. Sie geben an, was Menschen in ihrem Zusammenleben nicht machen sollen: nicht stehlen, töten, lügen, ehebrechen, des Nächsten Haus, Weib oder Knecht begehren. Dieses erwünschte Verhalten hat über die jüdische Religion hinaus eine große Bedeutung. Denn keine Gesellschaft könnte funktionieren, in der Stehlen, Töten oder Lügen zum allgemeinen Gesetz gemacht würden (siehe hierzu auch den Kategorischen Imperativ von Immanuel Kant auf der Seite 24 in diesem Buch).

Das erste Gebot: Du sollst keine anderen Götter neben mir haben, richtet sich gegen die Mythologie, nach der die Welt von mehreren Göttern regiert wird (Polytheismus heißt Vielgötterei).

Das erste Gebot der Zehn Gebote stellt klar, dass die jüdische Religion eine monotheistische Religion ist: Es gibt nur einen einzigen Gott.

Wichtige Begriffe der jüdischen Religion

Abraham:
Wichtige Gestalt aus dem Alten Testament der Bibel, Stammvater der großen Religionen Judentum, Christentum und Islam

Chanukka (Einweihung):
jüdisches Lichterfest;
Fest der Tempelweihe 165 v. Chr.;
entspricht dem deutschen Weihnachtsfest

Holocaust (Ganzopfer/Brandopfer):
gemeint ist die Vernichtung eines großen Teils des europäischen Judentums während der NS-Zeit

Pessach:
Hirtenfest, Erinnerung an den Auszug der Juden aus Ägypten

Rabbiner:
(mein Meister, mein Herr), Titel eines ordinierten Gesetzeslehrers in einer jüdischen Gemeinde

Sabbat:
Tag der Ruhe (am 7. Tag); wird wöchentlich gefeiert

Sukkot:
Laubblütenfest (Errichtung einer Laubhütte zum Gedenken an den Zug der Israeliten durch die Wüste auf der Flucht aus Ägypten)

Synagoge:
(die zusammengeführte Gemeinde), jüdisches Gebetshaus

Thora:
Heilige Schrift(enrolle) der Juden

1.5.3 Die christliche Religion

Das Christentum gehört ebenso wie die jüdische Religion und der Islam zu den großen monotheistischen Religionen der Weltgeschichte. Es ist insbesondere mit Jesus Christus verbunden, der wichtigsten Gestalt aus dem Neuen Testament der Bibel. Von Jesu Leben und Taten berichten die vier Evangelien des Neuen Testaments: Matthäus, Markus, Lukas und Johannes.

Jesus ist Gottes Sohn (siehe Biografie auf Seite 56). Er zog durch Galiläa und predigte überall die Liebe Gottes.

TXT 12

Jesus: **Feindesliebe**

Ihr wisst, dass in den Gesetzen Moses steht: Auge um Auge, Zahn um Zahn, Böses soll mit Bösem vergolten werden. Ich aber sage euch: Ihr sollt euch nicht für Böses rächen, das euch angetan wird. Stattdessen zeigt, dass ihr Böses lieber ohne Gegenwehr hinnehmt als selbst Böses zu tun. [...]

Ihr wisst, dass in den heiligen Schriften steht: Du sollst deinen Nächsten lieben. Ich aber sage euch: das bedeutet es nicht. Ihr sollt eure Feinde lieben, und ihr sollt für die Menschen beten, die euch Böses tun wollen.

Daran wird man euch als Gottes Kinder erkennen, denn Gott handelt auch so: Er lässt die Sonne scheinen über Gute und Böse, er schickt Regen und gute Ernten für Gerechte und Ungerechte. Gott liebt alle Menschen, und er möchte, dass ihr das auch tut. [...]

Behandelt eure Mitmenschen so,
wie ihr von ihnen behandelt werden möchtet[1]

1 Hier wird die Goldene Regel formuliert, die die moralische Zulässigkeit einer bestimmten eigenen Handlung in Bezug auf andere Menschen klärt. Im Alltag ist sie in diesem Reimwort bekannt: „Was du nicht willst, das man dir tu', das füg' auch keinem andern zu."

Zunächst bezieht sich Jesus auf das Gebot der Nächstenliebe aus den Zehn Geboten (siehe 1.5.2 in diesem Buch). Dieses Gebot betrifft allerdings nicht alle Menschen, sondern nur die uns Nahestehenden. Da Gott aber alle Menschen liebt, böse und gute, sollten Gottes Kinder auch ihre Feinde in das Liebesgebot miteinbeziehen.

Jesus formuliert ein ethisches Prinzip, das auch in anderen Religionen vorkommt: Tue anderen Gutes, auch wenn sie dir Böses tun. Denn du möchtest doch vermeiden, dass andere dir Böses tun. Also gehe mit gutem Beispiel voran und behandle andere Menschen so, wie du es im Gegenzug von ihnen erwartest. Dieses Prinzip wird „Goldene Regel" genannt und wurde später von Immanuel Kant zum Kategorischen Imperativ erweitert (siehe 1.3.3 in diesem Buch).

Jesus hat als ethisches Prinzip des Zusammenlebens der Menschen die Goldene Regel formuliert.

„**Jesus** ist der Sohn Gottes! Der Ewige ist der Vater, der als Sohn auf die Erde kommt, in Gestalt eines Menschen aus Fleisch und Blut, der trinkt, isst, schläft, leidet und stirbt. Der Ewige ist nicht mehr nur die unsichtbare gebietende Stimme: Er nähert sich seinen Geschöpfen. Ein wunderbares Abenteuer! Gott steigt zu den Menschen herab! Das Wort wird Fleisch!"

„Das Wort? Wie in der Sprache?"

„Ja, wie in der Sprache. Die Sprache besteht aus Wörtern, die eine Handlung bezeichnen. Für die Juden wie für uns handelte das göttliche Wort, weil es erschafft. Aber vor Christi Geburt waren die Menschen nur dadurch mit Gott verbunden gewesen, dass sie horchten. Im Alten Testament befiehlt, zürnt, tröstet Gott, aber man sieht ihn nicht. Das hat nicht ausgereicht, die Menschen widersetzten sich. Darauf ist das Wort Fleisch geworden: Man konnte es berühren, mit ihm diskutieren, ihm auf seinen Wegen folgen, seine Mahlzeiten teilen, ihm in die Augen sehen, sein Blut fließen sehen. Gott ist Mensch geworden. Welche Erleichterung! Und die Geburt Gottes, was für eine Geschichte!" [...]

„Jesu Vater ist Gott. Wir glauben an einen dreifaltigen Gott: den Vater, den Sohn und den Heiligen Geist."

„Darauf hab ich nur gewartet!“, rief Theo. „Was ist das eigentlich, der Heilige Geist?“

„Der Atem Gottes“, sagte Pater Dubourg. „Die Stimme des Engels, der zu Maria spricht. Wir haben den Vater, der erschafft, den Sohn, der erlöst, und den Heiligen Geist, der erleuchtet: die Heilige Dreieinigkeit. Ein Gott in drei Personen – das bedeutet, dass Gott in sich vollkommene Liebe ist. Das Wesen Gottes ist Liebe, die sich in Jesus und dem Wirken des Geistes den Menschen mitteilt.“

Catherine Clément, französische Schriftstellerin

Wichtige Begriffe der christlichen Religion

Bibel:
Heilige Schrift der Christen

Katholizismus:
ein Teil der Christen stützt sich auf die römisch-katholische Kirche mit der letzten Autorität durch den Papst

Kirche:
Gotteshaus der Christen

Ostern:
Feier zur Auferstehung von Jesus Christus, der am Karfreitag in Jerusalem den Kreuztod erlitten hat

Pfingsten:
Fest zur Entstehung der Kirche

Protestantismus:
ein Teil der Christen hat eingeleitet durch den Kirchenreformator Martin Luther (1483–1546) die reformatorische (evangelische) Kirche gegründet

Weihnachen:
Fest zu Jesu Geburt in Bethlehem

1.5.4 Die islamische Religion

Die islamische Religion entstand vor ungefähr 1.400 Jahren im heutigen Saudi-Arabien, als Mohammed (570–632) von Allah die Offenbarungen empfing. Diese wurden in einem heiligen Buch, dem Koran, aufgeschrieben und verbreiteten sich rasch über Arabien hinaus. Diejenigen Menschen, die sich zur Religion des Islam bekennen, werden Muslime genannt. Die weibliche Form lautet Muslima. Der Gott, den sie verehren, heißt Allah.

Gegenwärtig bekennen sich etwa 1,3 Milliarden Menschen auf der Welt zum Islam. Sie verteilen sich auf mehr als 50 Staaten. In Deutschland leben derzeit etwa 3,3 Millionen Muslime verschiedener Richtungen, also rund vier Prozent der Gesamtbevölkerung. Sie kommen überwiegend aus der Türkei.

TXT 13

Melanie Miehl: **Die fünf Säulen des Islam**

Im Islam müssen die Gläubigen – wie in anderen Religionen auch – bestimmte religiöse Pflichten erfüllen. Das Glaubensbekenntnis lautet folgendermaßen:

Es gibt keine Gottheit außer Gott, und Muhammad ist der Gesandte Gottes.

Das Ritualgebet, salat, ist zu fünf Tageszeiten zu verrichten, die nach dem Stand der Sonne bestimmt werden. Der Brauch, zu bestimmten Tageszeiten zu beten, ist auch im Juden- und Christentum bekannt. Ich will vor ihm klagen und seufzen am Abend, am Morgen, am Mittag und hören wird er auf meine Stimme, heißt es im Psalm 55. Der Islam schreibt Pflichtgebete vor. Im Morgen-, Mittags-, Nachmittags-, Abend- und Nachtgebet loben die Muslime, nach Mekka gewandt, Gott und rezitieren Suren, so nennt man die Kapitel des Korans. Das Gebet setzt, wie jeder Umgang mit dem Koran, einen Zustand ritueller Reinheit voraus, der durch Waschungen erlangt wird.

Das Fasten, saum, gehört wie in vielen Religionen auch zu den religiösen Übungen des Islams. Im Fastenmonat Ramadhan ist es den erwachsenen Muslimen vorgeschrieben. Von Sonnenaufgang bis Sonnenuntergang wird weder gegessen noch getrunken, und man enthält sich des ehelichen Verkehrs. Der Ramadhan ist dem Gebet, der Koranrezitation, der Mildtätigkeit und der Versöhnung gewidmet. Es wird in besonderem Maße Solidarität mit den Armen geübt, etwa in öffentlichen Armenspeisungen.

Das Spenden von Almosen, zakat, spielt aber nicht nur im Ramadhan eine große Rolle. Zu jeder Zeit sind die Gläubigen verpflichtet, einen Teil ihres Vermögens abzugeben. Es handelt sich dabei um eine Abgabe, mit der die Gemeinde ihre religiösen und sozialen Aufgaben bestreitet.

Eine Besonderheit unter den Pflichten stellt die Wallfahrt nach Mekka, die hagg, dar. Wer es sich leisten kann, ohne die Versorgung seiner Familie zu gefährden, soll einmal im Leben, im Monat Dhu-l-higga, dem Pilgermonat, die heiligen Stätten des Islams besuchen und die Riten der Pilgerfahrt vollziehen, zu der sich auf eindrucksvolle Weise Muslime aus aller Welt zusammenfinden [...].

Die fünf Säulen des Islam umfassen die ethischen Pflichten (Gebote) des Muslime. Ihre Erfüllung gehört zum Ritual der islamischen Religion und wird von Familienmitgliedern kontrolliert wie z. B. die Einhaltung des Fastenmonats Ramadan.

Lebensstationen von Mohammed

Mohammed (570–632), arabisch Muhammad, ist die wichtigste Persönlichkeit des Islam. Er wurde in Mekka geboren, das heute die heiligste Stätte der Muslime ist. Sein Vater starb kurz nach der Geburt, und als Mohammed sechs Jahre alt war, starb auch seine Mutter. Er lebte zunächst bei seinem Großvater und dann bei seinem Onkel Abu Talib, der im Karawanenhandel tätig war. Er nahm Mohammed mit auf Reisen und führte ihn in die Kunst des Handels ein. Mohammed ist nie zur Schule gegangen und hat vermutlich auch nie Lesen und Schreiben gelernt.

Eines Nachts, im Jahr 610, betete Mohammed im Alter von 40 Jahren in einer Höhle am Berg Hira und empfing eine Offenbarung von Allah.

Mohammeds erste Frau Chadidscha und seine Freunde akzeptierten diese Offenbarung und nannten Mohammed einen Propheten.

Mohammed begann nun überall zu predigen und versammelte schnell eine große Schar von Anhängern um sich. Etlichen Leuten aus

Mekka gefiel nicht, dass Mohammed öffentlich ihre Lebensweise kritisierte und sie aufforderte, nicht mehr ihre Götterbilder in der Kaaba zu verehren, sondern nur an Allah zu glauben. Sie verbündeten sich gegen den Propheten und vertrieben ihn und seine Anhänger 622 aus der Stadt. Mohammed reiste daraufhin nach Medina. Die Reise nannte man Hedschra, mit ihr beginnt die muslimische Zeitrechnung. Das Jahr umfasst 12 Monate und jeder Monat wird in Wochen zu je 7 Tagen eingeteilt. Es wird mit 354 Tagen berechnet, weil es sich nach dem Mond und nicht nach der Sonne richtet.

Bald nachdem er eine Wallfahrt nach Mekka durchgeführt hatte, erkrankte Mohammed im Jahr 632 und starb in Medina.

Mohammed gilt als Religionsstifter des Islam.

Wichtige Begriffe der islamischen Religion

Fastenbrechen:
Am Ende des Fastenmonats Ramadan feiern die Muslime das Ende des Fastens (idu-l-fitr) oder auf Türkisch *seker bayram*, auch Zuckerfest genannt. Es dauert wie das Opferfest drei Tage.

Imam:
Vorbeter, leitet den Gottesdienst in der Moschee

Koran:
Heilige Schrift der Muslime

Mekka:
Geburtsort von Mohammed, heute die wichtigste Pilgerstätte der Muslime

Moschee:
Gebetshaus der Muslime

Muezzin:
Gebetsrufer auf dem Minarett der Moschee

Das Opferfest (idu-l-adhha):
Am 10. Tag der Haddsch gedenken die Pilger des Opfers von Abraham. Nach der biblischen Überlieferung (Genesis 22, Koran Sure 37/ Vers 101–108) forderte Gott von Abraham das Opfer des „einzigen Sohnes" (das war Ismael, der Sohn der ägyptischen Magd Hagar). Als Abraham ihn als Zeichen des Gehorsams gegenüber Gott opfern wollte, hielt dieser ihn in letzter Minute davon ab. Stattdessen brachte Abraham Gott einen Widder als Brandopfer dar. Die Pilger versuchen deshalb auf der Haddsch mindestens ein Schaf zu schlachten, obwohl dies nicht Pflicht ist. Es wird berichtet, dass Mohammed bei seiner letzten Pilgerfahrt nach Mekka 100 Kamele geopfert hat.

Ramadan:
Fastenmonat

1.5.5 Die hinduistische Religion

Der Hinduismus ist die Religion der meisten Inder. Er stellt eine uralte, gewachsene Religion dar, in die vielfältige Traditionen und Frömmigkeitsformen aufgenommen wurden. Als Hindu wird man geboren. Der Hinduismus ist kein Monotheismus, kennt keinen Religionsstifter und keine Inquisition. Seine Anfänge werden mit 1500 v. Chr. datiert, als die Veden entstanden. Diese sind eine Niederschrift von Liedern und Sprüchen, in denen eine Vielzahl von Göttern angerufen wird.

Ungefähr um 1000 v. Chr. setzte sich der Brahmanismus durch, in dem ein Schöpfergott mit vier Gesichtern und vier Armen existiert, deren Hände die Veden tragen.

Unter dem Begriff Hinduismus werden gegenwärtig alle Religionen Indiens zusammengefasst, denen die Anerkennung der Veden, der Seelenwanderung und des Kastensystems gemeinsam ist.

TXT 14

Mahatma Gandhi: **Ahimsa und Satyagraha**

Ahimsa (Nicht-Gewalt) ist ein umfassendes Prinzip. Wir sind hilflose Sterbliche, von der Feuersbrunst von Himsa (Gewalt) eingefangen. In der Redewendung, dass Leben von Leben lebt, steckt ein tiefer Sinn. Der Mensch kann keinen Augenblick leben, ohne äußerlich, bewusst oder unbewusst, Himsa zu begehen. Die bloße Tatsache seines Lebens – Essen, Trinken und körperliche Bewegung – schließt notwendig etwas Himsa, Zerstörung von Leben, und sei sie noch so winzig, ein. Jeder, der sich zu Ahimsa bekennt, bleibt aber seinem Glauben treu, wenn der Ursprung all seines Tuns Mitleid ist, wenn er, so gut er es vermag, die Zerstörung des kleinsten Lebewesens vermeidet, es zu retten sucht und sich so unablässig bemüht, von der tödlichen Verstrickung in Himsa frei zu werden. Er wird daher ständig an Selbstzucht und Mitleid zunehmen, doch völlig von äußerer Himsa frei werden kann er nie. [...]

Ich glaube, dass der Mensch, da ihm nicht gegeben ist, etwas zu erschaffen, nicht das Recht hat, auch nur die kleinste Kreatur, die da lebt, zu zerstören. Das Vorrecht der Vernichtung gehört einzig und allein dem Schöpfer alles Lebendigen. Ich nehme gerne die Auslegung von Ahimsa (Nicht-Gewalt) an, der zufolge Ahimsa nicht bloß einen negativen

Zustand bedeutet, nämlich Unfähigkeit, Böses zu tun, sondern einen positiven Zustand, das heißt Liebe zu erweisen und Gutes zu tun, sogar dem Missetäter. Doch bedeutet es nicht, den Übeltäter in seinem ungerechten Tun zu unterstützen oder es in schweigender Duldung hinzunehmen. Im Gegenteil, die Liebe als aktive Qualität von Ahimsa verlangt, dem Übeltäter zu widerstehen, mag es ihn auch beleidigen oder seelisch oder körperlich treffen. [...]

Fünf einfache Axiome der Gewaltfreiheit, wie ich sie verstehe, sind:

1. Gewaltfreiheit schließt eine so völlige Selbstläuterung in sich, wie sie nur Menschen möglich ist.
2. Mensch für Mensch steht die Stärke der Gewaltfreiheit in genauem Verhältnis zu der Fähigkeit – nicht dem Willen – der gewaltfreien Person, Gewalt anzutun.
3. Gewaltfreiheit ist ausnahmslos der Gewalt überlegen, das heißt die einer gewaltlosen Person zu Gebote stehende Macht ist stets größer als jene, die er besäße, wenn er Gewalt anwendete.
4. Bei Gewaltfreiheit gibt es nicht so etwas wie eine Niederlage. Das Ziel der Gewalt ist sicherste Niederlage.
5. Das letzte Ziel der Gewaltfreiheit ist sicherster Sieg – wenn sich ein solcher Begriff bei Gewaltfreiheit anwenden lässt. In Wirklichkeit gibt es da, wo es keine Vorstellung von Niederlage gibt, auch keine Vorstellung von Sieg [...].

Für mich kommt eine Vorbereitung zur Gewalt nicht in Frage. Alle Vorbereitung muss für Gewaltfreiheit geschehen, wenn Mut der höchsten Art entwickelt werden soll. Gewalt kann allenfalls insofern geduldet werden, als sie stets der Feigheit vorzuziehen ist. [...] Für einen gewaltfreien Menschen gibt es keinen Notstand, sondern ruhige und würdige Vorbereitung zum Tode. Ob er ein Mann oder eine Frau ist – er oder sie wird dem Tode trotzen, selbst wenn er oder sie keinen Beistand hat, denn der wahre Beistand kommt von Gott. Ich kann nichts anderes als dies verkünden, und ich bin hier, um zu praktizieren, was ich verkünde. Ob mir die Gelegenheit dazu begegnen oder gegeben wird, weiß ich nicht. Wenn es Frauen gibt, die, wenn sie von Bösewichten angegriffen werden, ihnen nicht ohne Waffen Widerstand leisten können, so braucht man ihnen nicht zu raten, Waffen zu tragen. Sie werden das tun.

An diesem ständigen Fragen, ob man Waffen tragen soll oder nicht, ist doch etwas falsch. Die Leute müssen lernen, in natürlicher Weise unabhängig zu sein. Wenn sie sich der zentralen Lehre erinnern, nämlich, dass der wahrhaft wirksame Widerstand in der Gewaltfreiheit liegt, werden sie ihr Verhalten dementsprechend gestalten. Und dies ist es, was die Welt getan hat, wenn auch ohne Überlegung. Weil sie nicht den höchsten Mut besitzt, nämlich den aus Gewaltfreiheit geborenen Mut, bewaffnet sie sich sogar bis zur Atombombe. Diejenigen, die darin nicht die Sinnlosigkeit der Gewalt sehen, werden sich natürlich bis zum äußersten ihrer Kräfte bewaffnen. [...]

Der Begriff Satyagraha wurde von mir in Südafrika geprägt, um die Kraft zum Ausdruck zu bringen, welche die Inder dort volle acht Jahre lang gebraucht haben, und er wurde geprägt, um ihn von der Bewegung zu unterscheiden, die damals in Großbritannien und Südafrika unter dem Namen „Passiver Widerstand", aktiv war.

Seine ursprüngliche Bedeutung ist Festhalten an der Wahrheit; darum: Kraft der Wahrheit. Ich habe ihn auch Kraft der Liebe oder Seelenkraft genannt. In der Anwendung von Satyagraha entdeckte ich im frühesten Stadium, dass Wahrheitssuche nicht zulässt, dem Gegner Gewalt zuzufügen, sondern dass er mit Geduld und Sympathie von seinem Irrtum abgebracht werden muss. Denn was dem einen Wahrheit zu sein scheint, kann dem anderen Irrtum sein. Und Geduld bedeutet eigenes Leiden. So kam es, dass die Lehre Verteidigung der Wahrheit bedeutet, nicht indem dem Gegner Leid zugefügt wird, sondern man selbst leidet.

Satyagraha unterscheidet sich vom passiven Widerstand wie der Nordpol vom Südpol. Das Letztere wurde als Waffe der Schwachen entwickelt und schließt die Anwendung körperlichen Zwanges oder Gewalt zum Zweck, sein Ziel zu erreichen, nicht aus. Das Erstere dagegen wurde als Waffe der Stärksten entwickelt und schließt die Anwendung von Gewalt in jeglicher Gestalt oder Form aus.

Die Gedanken von Gandhi erweitern zwei wichtige Begriffe aus der hinduistischen Religion: Ahimsa und Satyagraha.

„Ahimsa" bedeutet, dass Menschen bestrebt sein sollten, ein gewaltfreies Leben zu führen. Das gelingt nicht immer, da jeder Mensch einfache Lebensfunktionen wie Essen oder Trinken befriedigt und deshalb Himsa begeht, d. h. andere Lebewesen schädigt. Obwohl sich also Himsa im Leben nicht vollständig vermeiden lässt, sollten wir Menschen anerkennen, dass wir nicht das Recht haben, andere Lebewesen bewusst zu schädigen (siehe auch die biozentristische Position Albert Schweitzers unter 1.4.1 in diesem Buch).

Die gewaltfreie Einstellung zum Leben und zur Welt als Ganzes betrifft auch das Verhalten gegenüber dem moralisch Bösen. Ähnlich wie Jesus fordert Gandhi, auf Gewalt nicht mit Gegengewalt zu antworten, sondern mit dem ethischen Prinzip der (Menschen-)Liebe (siehe auch 1.5.3 in diesem Buch).

Mit dem Begriff „Satyagraha" (an der Wahrheit festhalten) charakterisiert Gandhi die Kraft der Wahrheit. Wenn jemand erkannt hat, dass die Wahrheit auf seiner Seite ist, dann muss er die Geduld aufbringen, andere ohne Gewalt von der moralischen Richtigkeit seines Handelns zu überzeugen. Nicht dem Gegner soll Leid zugefügt werden, sondern die moralisch Guten müssen bereit sein, für die Wahrheit zu leiden.

Gandhi will Satyagraha von einer Form des passiven Widerstands abgrenzen, die auch Gewalt einschließt, wenn sie einem guten Zweck dient. Für Gandhi rechtfertigt aber auch ein guter Zweck nicht die Anwendung von Gewalt (siehe auch das Beispiel vom Salzmarsch in der Biografie Gandhis).

Mohandas Karamchand Gandhi wurde 1869 in Porbander in Indien geboren. Er war der Sohn einer Kaufmannsfamilie. Seine Eltern legten großen Wert auf eine religiöse Erziehung. Im Alter von dreizehn Jahren wurde Gandhi mit der gleichaltrigen Kasturbai Nakanji verheiratet. In Indien war die Ehefrau von ihrem Ehemann abhängig. Also musste Kasturbai bei der Familie Gandhi einziehen und ihrer Schwiegermutter im Haushalt helfen, während der Junge zur Schule gehen durfte.

Von 1888 bis 1891 studierte Mohandas Gandhi in England Rechtswissenschaft. 1891 ging er als Rechtsanwalt nach Südafrika und musste am eigenen Leib feststellen, dass die indischen Einwanderer von der weißen Bevölkerung nicht als gleichberechtigte und vollwertige Menschen angesehen wurden. So wurde er während einer Zugfahrt trotz gültiger Fahrkarte aus dem Zug geworfen, weil es Indern untersagt war, in der ersten Klasse zu reisen. Das Wahlrecht und viele weitere Rechte waren ihnen untersagt. Gandhi begann in den indischen Gemeinden Südafrikas Treffen zu organisieren, bei denen er die indische Bevölkerung ermutigte, Widerstand gegen die Benachteiligung zu leisten. Doch Gandhi betonte immer wieder, dass Widerstand niemals durch Gewalt geleistet werden darf. Im Laufe der Jahre entwickelte er sich zum politischen Führer der indischen Einwanderer.

Im Jahr 1914 kehrte er mit seiner Familie nach Indien zurück. Seine indischen Mitbürger hatten von seinem Kampf in Südafrika erfahren. Als Anerkennung gaben sie ihm den Namen Mahatma („große Seele"). Indien befand sich damals unter britischer Herrschaft und Gandhi machte es sich zum Ziel, Indien in die Unabhängigkeit zu führen. 1930 fand der berühmte Salzmarsch statt. Die britischen Herrscher hatten eine Salzsteuer verhängt, die besonders für die armen Menschen in Indien eine schwere Last darstellte. Aus Protest gegen diese Salzsteuer marschierte Gandhi mit vielen Anhängern mehrere hundert Kilometer an die Südküste Indiens. Der Salzmarsch wurde von der internationalen Presse verfolgt und das indische Volk war von diesem Marsch begeistert. Die Polizei schlug auf die wehrlosen Demonstranten ein, die jedoch immer weiter marschierten und das Prinzip „Satyagraha" anwendeten.

Nach jahrzehntelangen Auseinandersetzungen wurde Indien 1947 in zwei unabhängige Staaten geteilt: in das islamische Pakistan und das hinduistische Indien. Gandhi versuchte erfolglos die Teilung Indiens zu verhindern.

Im Jahr 1948 wurde Mahatma Gandhi von einem nationalistischen Hindu ermordet.

Mahatma Gandhi war einer der wichtigsten Vertreter des gewaltlosen Widerstands gegen Ungerechtigkeit, Armut und Rassismus.

Wichtige Begriffe der hinduistischen Religion

Ahimsa:
Gewaltlosigkeit; Grundsprinzip der hinduistischen Ethik: Vermeiden von Schädigung des Lebens

Brahma:
Schöpfergott

Brahman:
Das Absolute als der Urgrund allen Seins

Brahmane:
Angehöriger der höchsten indischen Kaste

Dharma:
Weltgesetz, Ordnung, Pflicht -bestimmt die Art der Wiedergeburt

Guru:
geistlicher Lehrer

heilige Tiere:
vor allem die Kühe, aber auch Affen und Elefanten

Karma:
die Folgen guter oder schlechter Taten

Kasten:
2.000-4.000 Gruppen, die untereinander aus religiösen und sozialen Gründen streng abgegrenzt sind

Mandala:
mystisches Diagramm in der Form eines Kreises oder Vielecks; dient als Meditationshilfe; Symbol für die Einheit mit dem Göttlichen

Sadhu:
Mönch, Heiliger

Sannyasi:
Wandermönch; lässt alles irdische Streben hinter sich

Seelenwanderung:
wichtigster Grundsatz des Hinduismus. Alle Lebewesen sind in einen ewigen Kreislauf von Tod und Wiedergeburt eingebunden. Je nach Güte der Handlungen wird man in einen höheren oder niedrigeren Stand wiedergeboren.

Upanischaden:
Gruppe heiliger Schriften, welche die wichtigsten Themen indischer Religion und Philosophie behandeln

Veden:
heilige Schriften

Yoga:
Meditationslehre

1.5.6 Die buddhistische Religion

Die Entstehung des Buddhismus geht auf Siddharta Gautama zurück, der nach der legendenhaften Geschichte des Buddhismus um 560 v. Chr. als Sohn eines Fürsten geboren sein soll. Das Reich seines Vaters war ein kleiner Staat in den Vorbergen des Himalaya-Gebirges. Mit 28 Jahren verließ Siddharta Frau und Kind, um sich dem Leiden der Menschheit zu widmen.

Eines Tages setzte er sich unter einen Feigenbaum und fand in tiefer Versenkung die vier edlen Wahrheiten, die das Herzstück des Buddhismus darstellen: Sie beschäftigen sich mit dem Wesen des Leidens, seiner Entstehung und Aufhebung und dem Weg zu seiner Aufhebung. Dieser Weg wird auch der achtfache Pfad genannt. Er enthält acht ethische Forderungen, die zur Überwindung des Leidens beitragen. Das Leiden auf der Welt ist u. a. auch durch die Wiedergeburt des Karma bedingt (siehe wichtige Begriffe).

Seit seiner Erleuchtung (*bodhi*: Erwachen, Erleuchtung) trug Siddharta den Namen Buddha.

Er lehnte die hinduistische Kastenordnung ab.

Der achtfache Pfad

1. Das Ich ist vergänglich.
2. Keinem Lebewesen darf Leid angetan werden.
3. Lügen sind zu vermeiden.
4. Unsittliche Handlungen sind zu unterlassen, z. B. keine berauschenden Getränke zu sich nehmen, keine unrechte Rede führen, keine unerlaubte sexuelle Betätigung, nicht töten, Nichtgegebenes (anderen) nicht wegnehmen.
5. Gegen die Gebote von Nummer 4 darf nicht verstoßen werden.
6. Das eigene Karma (freies Handeln) soll gefördert werden.
7. Bewusstmachen des eigenen Körpers, des Denkens und Fühlens.
8. Der Geist soll immer konzentriert sein.

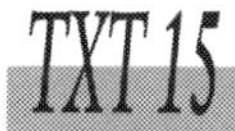

***Der Dalai Lama:* Mitfühlen mit anderen**

Wenn ich von grundlegenden menschlichen Gefühlen rede, dann denke ich dabei nicht nur an etwas Fließendes und Vages. Ich meine damit die Fähigkeit, die wir alle besitzen, wenn es darum geht, sich in andere einzufühlen. Im Tibetischen nennen wir sie *shen dug ngal wa la mi sö pa*. Wörtlich übersetzt bedeutet das, „die Unfähigkeit, das Leid eines anderen mit anzusehen". Wenn es diese Eigenschaft ist, die uns befähigt, den Schmerz anderer nachzuempfinden und in gewissem Maß zu teilen, dann gehört sie zu unseren wesentlichsten Merkmalen. Sie lässt uns auffahren, wenn wir einen Hilfeschrei hören; sie lässt uns beim Anblick von Unrecht, das jemandem zugefügt wird, zurückschrecken; sie lässt uns leiden, wenn wir mit den Leiden anderer konfrontiert werden. Und sie zwingt uns dazu, selbst dann die Augen nicht zu verschließen, wenn wir das Leid anderer am liebsten ignorieren möchten.

Stellen Sie sich vor, Sie laufen eine Straße entlang, die bis auf einen älteren Menschen vor Ihnen leer ist. Plötzlich stolpert dieser Mensch und fällt hin. Was tun Sie? Ich bin mir sicher, dass die Mehrzahl der Leser hingehen würde, um zu helfen. Vielleicht nicht alle. Doch selbst bei denen, die es nicht tun, wird zumindest, wenn vielleicht auch schwach, jenes Gefühl der Anteilnahme auftauchen, das die meisten dazu bewegt, ihre Hilfe anzubieten. Wenn ich einräume, dass nicht jeder Mensch einem anderen hilft, der in Not geraten ist, dann soll das nicht bedeuten, dass bei diesen wenigen Ausnahmen diese Fähigkeit des Einfühlens, die ich als universell bezeichnet habe, vollkommen fehlt. Sicher kann man sich Menschen vorstellen, die – vielleicht nach jahrelangen Kriegserlebnissen vom Leid anderer nicht mehr berührt werden. Das könnte auch auf jene zutreffen, die in Gegenden leben, in denen eine Atmosphäre der Gewalt und Gleichgültigkeit anderen gegenüber herrscht. Man könnte sich sogar einige Menschen vorstellen, die in Jubel ausbrechen, wenn sie andere leiden sehen. Doch das beweist nicht, dass die Fähigkeit des Sich-Einfühlens nicht auch in ihnen existiert. Dass wir es alle mögen, wenn man uns freundlich begegnet vielleicht mit Ausnahme extrem gestörter Menschen, legt doch nahe, dass die Fähigkeit des Sich-Einfühlens in uns erhalten bleibt, auch wenn wir innerlich verhärten.

Diese Eigenschaft, die Bedürfnisse anderer bewusst zu achten, ist meiner Ansicht nach eine Widerspiegelung unserer „Unfähigkeit, das Leid eines anderen mit anzusehen". Ich sage das, weil wir neben unserer natürlichen Fähigkeit, uns in andere einzufühlen, auch das Bedürfnis nach der Freundlichkeit und Güte anderer haben; es durchzieht unser ganzes Leben wie ein roter Faden. Am augenfälligsten ist es, wenn wir jung und wenn wir alt sind. Aber auch in der Blüte unserer Jahre müssen wir nur krank werden, um uns daran zu erinnern, wie wichtig es ist, geliebt und umsorgt zu werden. Auch wenn es manchmal eine Tugend zu sein scheint, immer sachlich zu bleiben, so muss doch ein Leben, dem dieser kostbare Bestandteil fehlt, in Wirklichkeit ziemlich elend sein. Es ist sicher kein Zufall, dass sich bei den meisten Kriminellen zeigt, dass sie in ihrem Leben einsam waren und dass ihnen Liebe fehlte.

Der Dalai Lama geht davon aus, dass alle Menschen über die Fähigkeit verfügen, mit anderen Menschen mitleiden zu können (siehe hierzu auch den Text 7 von Ursula Wolf unter 1.4.2). Diese Fähigkeit gehört für ihn zum Menschsein dazu – sie ist universell, d. h. alle Menschen haben sie.

Bei einigen Menschen kann diese Fähigkeit jedoch aufgrund von äußeren Umständen wie zum Beispiel Kriegserlebnissen oder einer Atmosphäre der Gleichgültigkeit verkümmern. Dennoch ist die Anlage vorhanden, Mitgefühl ausbilden zu können.

Da wir uns alle in verschiedenen Lebenssituationen danach sehnen, geliebt und umsorgt zu werden, sollte das Mitgefühl als eine Tugend zentraler Bestandteil unseres Lebens sein.

Im Buddhismus wird das Mitfühlen mit anderen auf alle Lebewesen ausgedehnt (siehe achtfacher Pfad).

Die mongolische Titel **Dalai Lama** bedeut „Ozean des Wissens". Der Dalai Lama gilt als höchste weltliche und religiöse Autorität des buddhistischen Tibets.

Der gegenwärtige XIV. Dalai Lama, Lhamo Dhondrub, wurde als Sohn eines Bauern am 6. Juli 1935 in dem tibetischen Dorf Takster geboren. Am 22. Februar 1940 wurde er im Alter von vier Jahren als XIV. Dalai Lama inthronisiert; seitdem lautet sein Mönchsname Tenzin Gyatso. Am 17. November 1950 wurde dem erst 15-Jährigen die Staatsgewalt über das Land übertragen.

Im Jahre 1959 musste der Dalai Lama nach einem gescheiterten Volksaufstand der Tibeter gegen die chinesische Besatzungsmacht nach Indien ins Exil fliehen, wo er seitdem für die Unabhängigkeit seines Landes kämpft. Am 10. März 1963 verkündete er eine demokratische Verfassung für Tibet.

Im Jahr 1989 wurde dem XIV. Dalai Lama der Friedensnobelpreis für sein friedliches Engagement für die Befreiung Tibets verliehen. Seine religiösen und weltlichen Ideen hat er in zahlreichen Büchern veröffentlicht, u.a. in dem „Buch der Menschlichkeit“.

Das Mitgefühl ist ein wesentliches ethisches Prinzip des Buddhismus.

Wichtige Begriffe der buddhistischen Religion

Atman:
individuelles Bewusstsein

Bodhi:
Einsicht, Bewusstsein (eigentlich Erwachtsein)

Brahman:
Weltgeist, der sich Menschen und Dingen manifestiert

Buddha:
der Erleuchtete, der ins Nirwana eingeht

Dharma:
Weltenordnung

Karma:
Die Macht der guten und schlechten Taten eines vorangegangenen Lebens, bestimmt das Handeln des Einzelnen

Lamaismus:
in Tibet verbreitete Mischform aus alttibetanischer Religion und Buddhismus mit dem Dalai Lama als Inkarnation Buddhas

Nirwana:
das Erlöschen in seliger Ruhe als erhoffter Endzustand des Daseins

Pali-Kanon:
Kern der buddhistischen Schriften, auch als Tripitaka (Dreikorb) bezeichnet; abgefasst in Pali (mittelindische Literatursprache), der heiligen Sprache des Buddha

Samsara:
„beständiges Wandern“, bezeichnet den fortlaufenden Kreislauf aus Leben, Tod und Wiedergeburt, Werden und Vergehen

Sangha:
Gemeinschaft streng disziplinierter Mönche, einst von Buddha gegründet

Zen-Buddhismus:
buddhistische Meditationsschule aus dem 13. Jahrhundert; insbesondere in Japan verbreitet

1.5.7 Der Taoismus

Laotse (um 570–490 v. Chr.) gehört neben Konfuzius (um 550–480 v. Chr.) zu den wichtigsten chinesischen Philosophen. Er gilt als der Begründer des Taoismus. Diese Richtung nimmt eine Zwischenstellung zwischen Philosophie und Religion ein und beschäftigt sich mit der Beschaffenheit der Welt.

Auf seiner Wanderschaft durch China soll Laotse das Buch „Tao Te King“ geschrieben haben, das die wichtigsten Auffassungen des Taoismus enthält und nur aus ca. 5.000 Wörtern besteht. Das chinesische Wort „Tao“ bedeutet so viel wie Ordnung im Weltall, Weltvernunft oder rechter Weg, vergleichbar dem griechischen Wort *logos* bei den so genannten vorsokratischen Philosophen Heraklit (um 550–480 v. Chr.) und Parmenides (um 540–470 v. Chr.) – siehe hierzu auch 3.1 in diesem Buch.

TXT 16

Laotse: **Aus dem Tao Te King**

Es gibt ein chaotisch
gestaltetes Wesen,
das war schon vor
Himmel und Erde da.
Steil und leer,
steht es allein und verändert
sich nicht.
Vielleicht ist es die Mutter
der zehntausend Dinge.
Ich kenne seinen Namen nicht,
daher nenne ich es den Weg.
Ich finde keinen besseren
Namen
und bezeichne es als groß.

Es ist groß
und es fließt dahin.
Es fließt immer weiter,
auch wenn es wegfließt,
kommt es zurück.

Der Weg ist groß,
der Himmel ist groß,
die Erde ist groß
und auch der Mensch ist groß.
Dies sind die vier großen Kräfte
des Universums,
und der Mensch ist eine davon.

Der Mensch folgt der Erde,
die Erde folgt dem Himmel,
der Himmel folgt dem Weg,
der Weg folgt seiner eigenen
Natur.

Das Tao wird in dem Textauszug aus dem Tao Te King als „chaotisch gestaltetes Wesen" und als „Weg" bezeichnet. Laotse hat den Begriff nicht neu geschaffen. Er existierte bereits in der chinesischen Weisheitslehre des „I Ging"; dieses ist das älteste chinesische Weisheitsbuch.

Das Tao bildet den Urgrund allen Seins. Es ist das Gesetz aller Gesetze und das Richtmaß menschlichen Handelns. Es bringt die Welt hervor, ist selbst aber nicht gegenständlich. Laotse hat es auch als „das Namenlose, das zehntausend Dingen einen Namen gibt" bezeichnet. Mit den „zehntausend Dingen" ist die gegenständliche Welt gemeint.

Das Tao ist also das Eine und Unteilbare, aus dem das Werden (Die Welt der Dinge) hervor geht. Durch das Tao hat sozusagen alles Dasein seinen Sinn und Zweck.

Das Tao gehört neben dem Himmel, der Erde und dem Menschen zu den vier Grundkräften des Universums. Während Mensch, Erde und Himmel aufeinander aufbauen, folgt das Tao seiner eigenen Natur. Es ist der Schöpfer aller anderen Dinge des Universums.

Auf das menschliche Handeln bezogen, das in dem vorliegenden Textauszug nicht angesprochen wird, bedeutet Tao, ein tugendhaftes Leben zu führen. Wer sich an das Tao hält, geht den rechten Weg. Dazu müssen die Menschen das Tao erkennen. Diese Erkenntnis ist jedoch kein Wissen, das von außen aus Büchern erworben wird, sondern erwächst aus dem Inneren; die Menschen sollen sich in das Tao einfühlen. Jemand erkennt das, was in der Welt ewigen Bestand hat. Er schaut in die Tiefe des Tao und löst sich von allen störenden Faktoren wie Begierden und Leidenschaften.

Deshalb ist die tiefe Ruhe (Wu Wei) ein wichtiger Bestandteil des Taoismus. In ihr erreicht der Mensch eine Art Selbstvergewisserung durch seine Denkbewegung.

Über das Leben von ***Laotse***, dessen Name „alter Meister" bedeutet, ist wenig bekannt. Er wurde im Staat Tschu geboren und soll dort eine Zeit lang als Staatsarchivar gearbeitet haben. Später zog er wie Konfuzius als Wanderphilosoph durch China. Auf der Flucht nach Westen soll er dann das Buch „Tao Te King" geschrieben haben. Dieses Buch ist keine systematische Schrift, sondern eine Zusammenstellung der verschiedenen Eigenschaften des Tao. Über die Entstehung des „Tao Te King" gibt es widersprüchliche Auffassungen; es kann nicht mit letzter Sicherheit angenommen werden, dass Laotse tatsächlich der Urheber ist.

Der Philosoph soll im Kreise seiner Schüler hochbetagt verstorben sein, nachdem er zuvor in der Einsamkeit philosophiert hatte.

Das Tao gilt als das Urprinzip jeglichen Seins.

Wichtige Begriffe des Taoismus

I Ging:
ältestes chinesisches Weisheitsbuch

Tai Chi:
die höchste Weltvernunft

Tao:
Pfad, Weg, Weltgesetz

Wu Wei:
das Nicht-Handeln (die Gemütsruhe) als Prinzip der Weltbewältigung

Yang:
das männliche Prinzip des Universums (unsichtbare Naturkraft)

Yin:
das weibliche Prinzip des Universums (unsichtbare Naturkraft)

1.5.8 Lernerfolgskontrolle

1. Erklären Sie, welche Rolle Mitgefühl und Barmherzigkeit in den großen Weltreligionen spielen.
2. Wie beurteilt Buddha in seinen Ratschlägen Geld und Besitz?
3. Welche Auffassung vertritt Buddha hinsichtlich der Religionen?

Ratschläge des Buddha

Du musst Geduld haben mit dir selber
So wie Kinder Geduld brauchen.
Wenn das Leben von außen her schwer wird,
dann müssen wir einander besonders wohlgesinnt sein.
Unsere Leiden und Wunden werden nur dann geheilt,
wenn wir sie voll Mitgefühl berühren.
Tue alles, was du tust, mit Augenmaß.
Übertreibe auch deine Askese nicht.

Kein Feuer brennt so stark,
wie unsere Gier nach Besitz und Lust.
Kein Brand ist so verheerend,
wie der Hass sich unter den Menschen ausbreitet
und unzählige Opfer fordert.
Karma bedeutet, dass alles in unserem Leben Folgen hat.
Mit keiner bösen Tat kommen wir ungestraft davon.
Jede gute Tat aber erzeugt Glück und Gnade.

Der Reiche denkt Tag und Nacht an sein Gold
und seinen Besitz.
Er hat Sorge, dass er bestohlen und beraubt wird.
So hat er keine ruhige Stunde, ständig lebt er in Angst.
Doch der weise Mensch kann seinen Besitz loslassen,
er hängt nicht an den Dingen.
Denn er weiß um die Vergänglichkeit
und die Wandlungen des Lebens.

Man soll nicht nur die eigene Religion ehren
und die anderen Religionen verdammen.
Man soll auch die Religion der anderen ehren.
Das trägt zum Wachsen der eigenen Religion bei
und leistet den anderen Religionen Dienste.

Exemplarische Lösung

Zu Aufgabe 1:
Mitgefühl und Barmherzigkeit sind wichtige ethische Prinzipien des Christentums, des Islam sowie des Hinduismus und Buddhismus. Sie dienen einerseits der sozialen Gerechtigkeit und der Verbundenheit mit den Schwachen in der Gesellschaft. Andererseits tragen sie dazu bei, die Perspektive des eigenen Standpunktes zu überdenken und sich in das Denken und Fühlen anderer Menschen hineinzuversetzen. Insbesondere im Hinduismus und Buddhismus soll das Mitgefühl auch auf andere Lebewesen ausgedehnt werden.

Zu Aufgabe 2:
Buddha kritisiert, dass die Reichen Tag und Nacht an ihren Besitz denken und nicht loslassen können. Sie sind sozusagen Gefangene ihres Reichtums. Das Streben nach immer mehr führt zu Hass unter den Menschen. Deshalb empfiehlt Buddha, dass kluge Menschen in der Lage sein müssen, sich anderen Dingen des Lebens zu widmen und von materiellen Zwängen Abstand zu nehmen. Er warnt vor der Vergänglichkeit des Lebens und ermuntert uns deshalb zu guten Taten, die glücklich machen.

Zu Aufgabe 3:
Buddha ruft dazu auf, nicht nur die eigene Religion zu achten, sondern auch die Religionen anderer Menschen. Diese sind ein Gewinn und keine Last; sie können zur Entwicklung der eigenen Religion beitragen.

Der Buddhismus erfüllt mit dieser Forderung schon früh das Toleranzgebot der Ökumene. Dieses zielt auf die Zusammenarbeit aller Religionen und Glaubensrichtungen und die Suche nach gemeinsamen und verbindenden Werten.

2. Gibt es eine gerechte Gesellschaft?

Das Streben der Menschen nach einem glücklichen Leben hängt eng mit der Frage zusammen, ob und wie es verwirklicht werden kann. Daher spielen bei der Suche nach Antworten auch die gesellschaftlichen Rahmenbedingungen eine wichtige Rolle: Welchen Staat, welche Gesellschaft und welche Umstände wünschen wir uns, damit wir unsere Glücksansprüche auch durchsetzen können?

In der Philosophie werden Entwürfe für eine gerechte Gesellschaft mit dem Begriff Utopie charakterisiert. Er setzt sich aus den griechischen Worten „*Ou*" in der Bedeutung von „nicht" und „*Topos*" in der Bedeutung von „Ort" zusammen, was auf Deutsch „Nirgendwo" heißt. Damit wird in Anlehnung an die Schrift „Utopia" des englischen Philosophen Thomas Morus (1478–1535) eine philosophische Richtung bezeichnet, die sich mit grundlegenden Fragen einer für alle Menschen akzeptablen Gesellschaft beschäftigt.

Eine solche Gesellschaft stützt sich im Wesentlichen auf Gerechtigkeit, Freiheit und das friedliches Zusammenleben ihrer Mitglieder. Einige Philosophen meinten jedoch, dass es eine solche Gesellschaft niemals geben wird, weil etliche Menschen eher an ihren eigenen Bedürfnissen interessiert sind und nicht am Wohlergehen aller. Sie würden deshalb Gewalt und Unterdrückung einsetzen, um ihre eignen Interessen durchzusetzen. Deshalb haben sie Horrorszenarien entworfen, wie die Menschheit sich zum Schlechten hin entwickeln wird. Diese Visionen werden unter dem Begriff „negative Utopien" zusammengefasst.

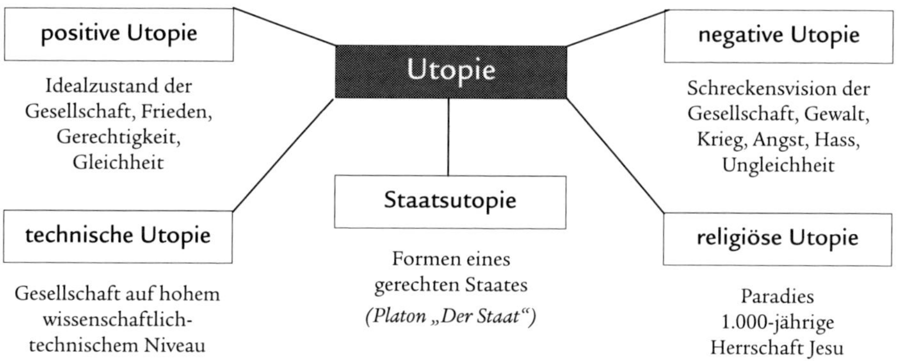

2.1 Der gerechte Staat

Der griechische Philosoph Platon hat eine der ältesten Utopien in der Geschichte der Philosophie entworfen: die „Politeia“ (der Staat, das Gemeinwesen). In ihr wird auch ein Erziehungsprogramm entwickelt, das Regierende absolvieren müssen, damit sie als Philosophen den Staat leiten können. Dieses Bildungs- und Erziehungsprogramm stellt einen langen Weg der Einsicht dar, der mehrere Etappen zunehmender Erkenntnis umfasst. Am Schluss des Weges schaut der Philosoph die Idee des Guten und ist dann gebildet genug, den Staat gut und gerecht zu führen.

Platon hat diesen schwierigen Erkenntnisweg zur Idee des Guten in Form eines Gleichnisses geschrieben, das unter dem Namen „Höhlengleichnis“ weltberühmt geworden ist: Er vergleicht darin den Erkenntnisprozess des Menschen mit dem Aufstieg aus einer Höhle, an dessen Ende die Sonne (als Idee des Guten) thront.

TXT 17

Die Philosophen sollen Herrscher sein

Sokrates sprach: „Wenn nicht die Philosophen in den Staaten Könige werden oder die Könige, wie sie heute heißen Herrscher und echte und gute Philosophen, und wenn nicht in eine Hand zusammenfallen politische Macht und Philosophie, [...] gibt es, mein Glaukon, kein Ende des Unglücks in den Staaten.

Platon geht von einer Dreiteilung der Seele aus, die auch in seiner Ethik gilt: Weisheit, Tapferkeit und die Besonnenheit oder Mäßigung. Und erst wenn jeder Seelenteil seine ihm zugewiesene Aufgabe erfüllt, kann gerecht gehandelt werden.

Diese Dreiteilung der Seele legt der Philosoph auch seinem Staatsmodell zugrunde. Jedem Seelenteil entspricht in seinem Gemeinwesen ein Stand: Den obersten Stand, der den Staat leiten soll, bilden die Philosophen. Sie haben den langen Weg bis zur Erkenntnis der Idee des Guten zurückgelegt und besitzen dadurch die Einsicht und Weisheit, den Staat zu führen. Ihre Ausbildung umfasst ein gut ausgearbeitetes Programm. Es reicht von einer Unterweisung in Musik, Dichtung und Gymnastik bis zum 20. Lebensjahr über den Unterricht in Mathematik und Dialektik bis hin zum Studium der Philosophie, das ungefähr mit dem 50. Lebensjahr abgeschlossen sein soll.

Der zweite Stand umfasst die Krieger oder Wächter, die vor allem durch die Tugend der Tapferkeit auszeichnet sind. Sie beschützen das Gemeinwesen.

Der dritte Stand setzt sich aus Bauern, Fischern, Handwerkern und Seeleuten, also dem Volk zusammen. Sie üben ihre Berufe aus und garantieren dadurch die materielle Erhaltung der Gesellschaft.

Gerechtigkeit stellt sich erst dann ein, wenn jeder im Gemeinwesen die ihm zugewiesene Aufgabe gut erfüllt. Von den Philosophen verlangt Platon, dass sie das Ganze im Blick haben und nicht nur veränderliche Teilbereiche der Wirklichkeit. Darüber hinaus sind sie der Wahrheit verpflichtet, weil sie durch ihr Wissen immer die beste Einsicht haben und somit beurteilen können, was richtig und falsch ist.

Der Philosoph **Platon** (427–347 v. Chr.) wurde in Athen in einer adligen Familie geboren. Seine Mutter Peryktione stammte von einem Bruder Solons ab, der zu den berühmtesten Politikern und Dichtern Athens gehörte. Seine Brüder Adeimantos und Glaukon treten später in seinen philosophischen Dialogen auf, nicht aber seine Schwester Potone.

Als Jugendlicher erhielt Platon auf Wunsch seiner Mutter eine umfassende künstlerische Ausbildung. Er schrieb Dramen, die er jedoch später alle vernichtete. Mit 20 Jahren lernte er den damals berühmtesten griechischen Philosophen Sokrates kennen und blieb acht Jahre lang sein Schüler. Als Sokrates in Athen zum Tode verurteilt wurde, war

Platon im Gerichtssaal. Über das Urteil und die Gründe von Sokrates, trotz eines ungerechten Urteils nicht aus dem Gefängnis fliehen zu wollen, schrieb er später die Dialoge „Apologie“, „Kriton“ und „Phaidon“. Seine Wertschätzung für Sokrates kommt auch darin zum Ausdruck, dass er seinen Lehrer als Hauptperson in den meisten seiner 25 Dialoge auftreten lässt. Diese tragen in der Regel die Namen von Philosophen der damaligen Zeit wie z. B. Protagoras, die mit Sokrates in ein philosophisches Lehrgespräch eintreten.

Nach dem Tod seines Lehrers unternahm Platon von 390–388 v. Chr. Reisen nach Nordafrika und nach Süditalien. Dort lernte er den jungen Dion kennen. Er war der Schwager des Herrschers Dionysos I. Platon versuchte Dionysos I. von seiner Idee eines gerechten Staates zu überzeugen, scheiterte jedoch.

Enttäuscht zog sich Platon von der Politik zurück und gründete um 387 v. Chr. in dem Hain Akademos seine Philosophenschule, die als „Platonische Akademie“ in die Geschichte der Philosophie eingegangen ist. Sie bestand fast 1.000 Jahre und wurde erst 529 n. Chr. von Kaiser Justinian I. als „heidnische Schule“ verboten. Wiederum fast 1.000 Jahre später wurde sie 1459 in Florenz von den Medici neu eröffnet.

Platon geht von drei Ständen im Staat aus: den Philosophen, den Wächtern und den Handwerkern. Gerechtigkeit im Staat entsteht nur, wenn die Philosophen Herrscher werden. Sie sind der Wahrheit verpflichtet und haben ein langes Bildungs- und Erziehungsprogramm absolviert.

Thomas Hobbes: Der Mensch ist des Menschen Wolf

Thomas Hobbes war der erste Philosoph der Neuzeit, der die antike Frage nach einem gerechten Staat neu durchdacht hat. Unter dem Eindruck des Dreißigjährigen Krieges und der Bürgerkriege in England veröffentlichte er 1651 seine Schrift „Leviathan". Darin findet sich auch der berühmte Ausspruch: Der Mensch ist des Menschen Wolf. Er bezieht sich auf das Zusammenleben der Menschen im Naturzustand, wenn es noch keinen Staat gibt.

Der Naturzustand

Und wenn daher zwei Menschen nach demselben Gegenstand streben, den sie jedoch nicht zusammen genießen können, so werden sie Feinde und sind in Verfolgung ihrer Absicht, die grundsätzlich Selbsterhaltung und bisweilen nur Genuss ist, bestrebt, sich gegenseitig zu vernichten oder zu unterwerfen. [...]

Und wegen dieses gegenseitigen Misstrauens gibt es für niemand einen anderen Weg, sich selbst zu sichern, der so vernünftig wäre wie Vorbeugung, das heißt, mit Gewalt oder List nach Kräften jedermann zu unterwerfen, und zwar so lange, bis er keine andere Macht mehr sieht, die groß genug wäre, ihn zu gefährden. Und dies ist nicht mehr, als seine Selbsterhaltung erfordert und ist allgemein erlaubt. [...] So liegen also in der menschlichen Natur drei hauptsächliche Konfliktursachen: Erstens Konkurrenz, zweitens Misstrauen, drittens Ruhmsucht. [...] Daraus ergibt sich klar, dass die Menschen während der Zeit, in der sie ohne eine allgemeine, sie alle im Zaum haltende Macht leben, sich in einem Zustand befinden, der Krieg genannt wird, und zwar in einem Krieg eines jeden gegen jeden. Denn Krieg besteht nicht nur in Schlachten und Kampfhandlungen, sondern in einem Zeitraum, in dem der Wille zum Kampf genügend bekannt ist. [...] Die Begriffe von Recht und Unrecht, Gerechtigkeit und Ungerechtigkeit haben hier keinen Platz. Wo keine allgemeine Gewalt ist, ist kein Gesetz, und wo kein Gesetz ist, keine Ungerechtigkeit. [...] So viel über den elenden Zustand, in den der Mensch durch die reine Natur tatsächlich versetzt wird. [...]

Der Gesellschaftsvertrag

Um aber eine allgemeine Macht zu gründen, unter deren Schutz gegen auswärtige und innere Feinde die Menschen bei ruhigem Genuss der

Titelbild des „Leviathan“

Früchte ihres Fleißes und der Erde ihren Unterhalt finden können, ist der einzig mögliche Weg folgender: jeder muss alle seine Macht oder Kraft einem oder mehreren Menschen übertragen, wodurch der Willen aller gleichsam auf einen Punkt vereinigt wird, so dass dieser eine Mensch oder diese eine Gesellschaft eines jeden einzelnen Stellvertreter werde und ein jeder die Handlungen jener so betrachte, als habe er sie selbst getan, weil sie sich dem Willen und Urteil jener freiwillig unterworfen haben. Dies fasst aber noch etwas mehr in sich als Übereinstimmung und Eintracht; denn es ist eine wahre Vereinigung einer Person und beruht auf dem Vertrage eines jedem mit einem jeden, wie wenn ein jeder zu einem jeden sagte: „Ich übergebe mein Recht, mich selbst zu beherrschen, diesem Menschen oder dieser Gesellschaft unter der Bedingung, dass du ebenfalls dein Recht über dich ihm oder ihr abtrittst.“ Auf diese Weise werden alle einzelnen eine Person und heißen Staat oder Gemeinwesen.

Zunächst charakterisiert Hobbes den Naturzustand, in dem Menschen ohne einen Staat leben. Sie setzten mit Gewalt ihre egoistischen Interessen gegenseitig durch, weil sie nicht durch eine Macht, d. h. durch einen starken Herrscher, gebremst werden. Hobbes sieht für dieses Verhalten drei wesentliche Ursachen: die Konkurrenz, die Ruhmsucht und das Misstrauen. Diese Eigenschaften führen dazu, dass sich die Menschen gegenseitig bekämpfen. Sie kennen (noch) keine Begriffe wie Recht und Unrecht, da sie in einem Zustand der Gesetzlosigkeit leben.

Dieser Zustand kann nur geändert werden, wenn die Menschen ihre natürlichen Rechte auf einen (oder mehrere) Herrscher übertragen und einen Gesellschaftsvertrag schließen. Dieser Vertrag garantiert ihnen Schutz gegen innere und äußere Feinde, Erhalt ihres Eigentums und Frieden.

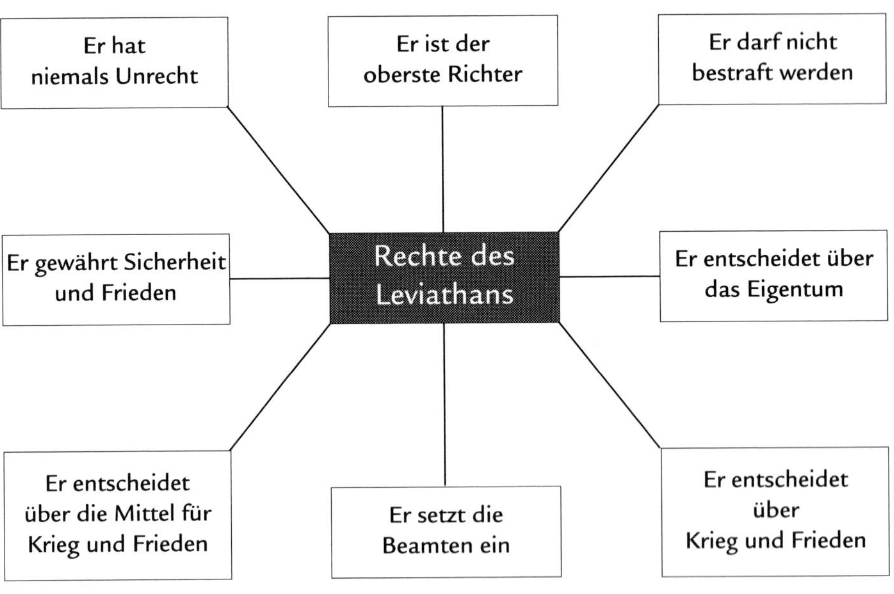

Thomas Hobbes (1588–1679) wurde in Malmesbury in Südwestengland als Sohn eines Dorfpfarrers und einer Bauerntochter geboren. Er besuchte zuerst eine normale Dorfschule und erhielt dann Unterricht in Griechisch und Latein an einer Privatschule. Durch die finanzielle Unterstützung seiner Verwandten konnte Hobbes an der noch heute berühmten Universität von Oxford studieren. 1607 machte er dort seinen Abschluss in Philosophie.

Anfang der 20er Jahre wurde Hobbes der Sekretär des Philosophen und Lordkanzlers Francis Bacon, der zu diesem Zeitpunkt bereits alle seine politischen Ämter verloren hatte. Durch Bacons Anregungen beschäftigte sich Thomas Hobbes vor allem mit naturwissenschaftlichen Untersuchungen und dem Begriff der Erfahrung, der in seiner späteren empiristischen Erkenntnistheorie eine große Rolle spielt. Der Begriff „empirisch" bedeutet, dass alle Erkenntnis von der sinnlichen Erfahrung ausgeht.

Im Jahr 1640 ging Hobbes nach Paris und blieb dort elf Jahre im Exil. Er floh vor dem englischen Bürgerkrieg (1642–1651) zwischen dem König Karl I. (1600–1649), der auf den Fortbestand der Monarchie setzte, und den Befürwortern des Parlaments. Diese wollten den König entmachten und eine parlamentarische Staatsverfassung einführen. Der Krieg endete mit einem Sieg der Parlamentsanhänger und der Regierung von Oliver Cromwell (1599–1658). Hobbes vertrat in Anlehnung an seine Theorie vom Leviathan die Position des Königs, während der Philosoph John Locke die Anhänger des Parlaments unterstützte.

Im Jahr 1651 schloss Thomas Hobbes Frieden mit Oliver Cromwell und kehrte nach England zurück. Im gleichen Jahr erschien auch sein Hauptwerk „Leviathan". 1660 wurde Karl II. König von England, was Hobbes in seiner Ansicht bestätigte, dass die Menschheit doch einen starken Herrscher braucht und dass eine Parlamentsregierung ins Chaos führt.

Im Naturzustand herrscht nach Hobbes ein Krieg aller gegen alle, weil jeder seine egoistischen Interessen durchzusetzen versucht. Erst durch den Gesellschaftsvertrag werden Schutz und Frieden durch einen starken Herrscher garantiert.

2.2 Gerechtigkeit als Handlungsziel

Im Jahr 1971 erschien das Buch „Eine Theorie der Gerechtigkeit" des amerikanischen Philosophen John Rawls. Darin setzt er sich wie Platon mit der Frage auseinander, wie die Grundstruktur einer Gesellschaft aussehen sollte, die allen Bürgerinnen und Bürgern ein gutes Leben ermöglicht. Das wichtigste Merkmal für eine solche Gesellschaft ist nach seiner Ansicht die Gerechtigkeit.

Um zu einer gerechten Gesellschaftsstruktur zu gelangen, geht Rawls von einem Gedankenexperiment aus. Er nimmt einen fiktiven Urzustand an, den es in der Wirklichkeit so nicht gibt. In ihm werden alle agierenden Personen mit einem sogenannten „Schleier des Nichtwissens" bedeckt, d. h. sie wissen z. B. nicht, welche Stellung sie in der (gerechten) Gesellschaft künftig einnehmen werden.

TXT 19

John Rawls: **Zwei Prinzipien der Gerechtigkeit**

1. Jedermann soll gleiches Recht auf das umfangreiche System gleicher Grundfreiheiten haben. [...]
2. Soziale und wirtschaftliche Ungleichheiten sind so zu gestalten, dass (a) vernünftigerweise zu erwarten ist, dass sie zu jedermanns Vorteil dienen, und (b) sie mit Positionen und Ämtern verbunden sind, die jedem offen stehen. [...]

Diese Grundsätze beziehen sich hauptsächlich auf die Grundstruktur einer Gesellschaft und bestimmen die Zuweisung von Rechten und Pflichten und die Verteilung gesellschaftlicher und wirtschaftlicher Güter. [...]

Wir unterscheiden also zwischen den Seiten des Gesellschaftssystems, die die gleichen Grundfreiheiten festlegen und sichern [1. Grundsatz] und denen, die gesellschaftliche und wirtschaftliche Ungleichheiten bestimmen und festlegen [2. Grundsatz].

Die [Grund-]Freiheiten sollen nach dem ersten Grundsatz für alle gleich sein. Wichtig unter ihnen sind die politische Freiheit (das Recht zu wählen und öffentliche Ämter zu bekleiden) und die Rede- und Versammlungsfreiheit, die Gewissens- und Gedankenfreiheit; die persönliche

Freiheit [...]; das Recht auf persönliches Eigentum und der Schutz vor willkürlicher Festnahme und Haft. [...]

Der zweite Grundsatz bezieht sich [...] auf die Verteilung von Einkommen und Vermögen und die Beschaffenheit von Organisationen, in denen es unterschiedliche Macht und Verantwortung gibt. Die Verteilung des Einkommens und Vermögens muss nicht gleichmäßig sein, aber zu jedermanns Vorteil, und gleichzeitig müssen mit Macht und Verantwortung ausgestattete Positionen jedermann zugänglich sein. [...] Alle sozialen Werte – Freiheit, Chancen, Einkommen, Vermögen und die sozialen Grundlagen der Selbstachtung – sind gleichmäßig zu verteilen, soweit nicht eine ungleiche Verteilung jedermann zum Vorteil gereicht.

Rangordnung der Freiheitsrechte nach John Rawls
(bezieht sich auf das erste Gerechtigkeitsprinzip)

Gedankenfreiheit

Gewissensfreiheit

politische Freiheiten
z. B. die Bildung von Parteien

Freiheit der Integrität der Person
z. B. Recht auf körperliche Unversehrtheit

Pressefreiheit

rechtsstaatliche Freiheiten
z. B. aktives und passives Wahlrecht

Der Ausgangspunkt von John Rawls' Theorie über Gerechtigkeit bezieht sich auf die Frage, wie Menschen in einer modernen Gesellschaft insbesondere soziale Interessenskonflikte aushalten und dennoch miteinander kooperieren können. Rawls gelangt zu der Überzeugung, dass die Lösung des Problems nur durch Grundprinzipien erreicht werden kann, auf die sich alle Mitglieder einer Gesellschaft verständigen.

Diese Grundprinzipien lassen sich nur finden, wenn alle Beteiligten im Voraus nicht wissen, welche Position sie künftig in einer gerechten Gesellschaft einnehmen werden (Schleier des Nichtwissens). Rawls will damit erreichen, dass eine persönliche Vorteilsnahme von Vornherein ausgeschlossen wird.

Wenn dies sichergestellt ist, so werden sich die Menschen nach seiner Ansicht in einer solchen Situation auf Minimalforderungen für eine gerechte Gesellschaft einigen können, die für alle Menschen unabhängig von ihrer sozialen Stellung wichtig sind: Grundrechte und Grundfreiheiten wie zum Beispiel Meinungs- und Versammlungsfreiheit, freie Berufswahl, Einkommen und Besitz. Und weil Rawls auch soziale Unterschiede zwischen den Menschen nicht verneint, die durch Eigentum und Beruf entstehen können, formuliert er im zweiten Prinzip, dass soziale Ungleichheiten zwei Bedingungen erfüllen müssen: 1. Ämter und Positionen müssen allen Menschen offen stehen (Chancengleichheit) und 2. sie müssen zum Vorteil der am wenigsten begünstigten Mitglieder der Gesellschaft genutzt werden können. Damit ist gemeint, dass beispielsweise in einer Marktwirtschaft materielle Güter so verteilt werden müssen, dass von sozialen Ungerechtigkeiten auch die sozial Schwächeren profitieren.

Für Rawls hat jedoch ein erstes Prinzip Vorrang: Gedanken- und Gewissensfreiheit sind für ihn die wichtigsten Bausteine seines Gesellschaftsmodells.

John Rawls (1921–2002) wurde in Baltimore im US-Staat Maryland geboren. Sein Vater war ein erfolgreicher Steueranwalt und seine Mutter eine amerikanische Frauenrechtlerin.

Von 1939–43 studierte John Rawls an der Princeton University, die zu den berühmtesten Universitäten in den USA gehört. Danach wurde er Soldat in der Infanterie im pazifischen Raum, wo die USA im II. Weltkrieg vor allem die Japaner bekämpften. Er begann darüber nachzudenken, warum die Menschen die Fähigkeit haben, Böses zu tun. Der Abwurf der Atombomben auf Hiroshima und Nagasaki brachte Rawls in große Gewissenskonflikte, sodass er beschloss, seine militärische

Laufbahn zu beenden. Er kehrte an die Princeton University zurück, wo er 1950 promovierte. Danach heiratete er die Sozialwissenschaftlerin Margaret Fox.

1951 veröffentlichte Rawls seinen ersten Aufsatz zur Staatsphilosophie, in dem er sich mit verschiedenen Gerechtigkeitsauffassungen auseinander setzte. Weitere Stationen seiner philosophischen Laufbahn als Hochschullehrer waren Oxford, die Cornwell University und das berühmte Massachusetts Institute of Technology (Technologieinstitut) in Boston. 1962 erhielt John Rawls eine Professur an der berühmten Harvard University.

Sein wichtigstes Buch „Eine Theorie der Gerechtigkeit“ machte ihn weltberühmt.

2.3 Allgemeine Menschenrechte

Obwohl die Staaten der Welt unterschiedliche Rechtssysteme haben, gibt es auch Rechte, die allen Menschen „von Natur aus“ zustehen, unabhängig davon, in welchem Staat sie leben. Diese Rechte werden als allgemeine Menschenrechte bezeichnet. Sie sind unteilbar, ewig gültig und durch keine anderen Rechte ersetzbar. Sie wurden am 10. Dezember 1948 von den Vereinten Nationen als „Allgemeine Erklärung der Menschenrechte“ in einer Konvention (Übereinkunft) zusammengefasst.

Die Bundesrepublik Deutschland hat diese Menschenrechte in Form von Grundrechten in das Grundgesetz der Bundesrepublik in die Artikel 1-19 aufgenommen und damit zu obersten Prinzipien für das Zusammenleben der Bürgerinnen und Bürger erklärt.

Aus der
„Allgemeinen Erklärung der Menschenrechte“
der Vereinten Nationen (UN)

Artikel 1
Alle Menschen sind frei und gleich an Würde und Rechten geboren [...]. Sie sind mit Vernunft und Gewissen begabt und sollen einander im Geiste der Brüderlichkeit begegnen.

Artikel 2
Jeder Mensch hat Anspruch auf die in dieser Erklärung verkündeten Rechte und Freiheiten, ohne irgendeine Unterscheidung wie etwa nach Rasse, Farbe, Geschlecht, Sprache, Religion, politischer Überzeugung, nationaler oder sozialer Herkunft, nach Eigentum oder sonstigen Umständen. [...]

Artikel 3
Jeder Mensch hat das Recht auf Leben, Freiheit und Sicherheit der Person.

Norbert Brieskorn: **Drei Typen von Menschenrechten**

Zum Begriff der „Menschenrechte" gehören: Vorstaatliche, einem jeden Menschen als Menschen zustehende Rechte. [...]

Drei „Typen" von Menschenrechten sind zu unterscheiden, ohne dass über der Unterscheidung ihre innere Verknüpfung vergessen werden darf.

1. Die Abwehrrechte bezwecken den Schutz des Einzelnen, aber auch von Institutionen – etwa Religionsgemeinschaften – gegenüber dem Staat. Sie schützen einen vom Staat betret- und gestaltbaren Raum und untersagen ihm Zutritt und Gestaltung. Diese Rechte wollen dem Rechtsträger Freiheiten und Grundgüter gewährleisten.

2. Es ist ihre Aufgabe, den Anspruch der Menschen auf Gestaltung ihres Gemeinwesens durchzusetzen. Diese Gestaltungsrechte sind keine Verlängerung der Abwehrrechte in dem Sinne, dass es nur darum ginge, den Bedroher gänzlich in den eigenen Griff zu bekommen. Die Gestaltungsrechte sind vielmehr Ausfluss des Selbstbestimmungsrechts des Menschen und verwirklichen seinen Anspruch auf eine von ihm gestaltete politische Umwelt. [...]

3. Die Leistungs- oder auch Versorgungsrechte besorgen es, dass die Menschen ein menschenwürdiges Leben in den Sphären Wirtschaft und Kultur führen, Hilfe zur Selbsthilfe erhalten und so überhaupt oft erst die Abwehrrechte und Gestaltungsrechte wahrnehmen können. Diese kosten ebenso Geld wie die Leistungsrechte. Alle drei Typen können finanziell sehr aufwendig sein. [...]

Zwischen diesen drei „Typen" gibt es keinen gleichsam natürlichen Vorrang oder eine feste Reihenfolge. Der Mensch bedarf fast immer der Hilfe, auch von Seiten seines Staates. Nötig sind ihm Freiräume um seiner Entfaltung willen.

Norbert Brieskorn geht davon aus, dass Menschen gemeinsame Rechte haben, und zwar alle Menschen aufgrund der Tatsache, dass sie Menschen sind.

Brieskorn unterteilt die in der „Allgemeinen Erklärung der Menschenrechte" enthaltenen Rechte in drei große Gruppen.

Die erste Gruppe umfasst Freiheitsrechte, die auch Abwehrrechte genannt werden. Sie sichern die Rechte des Menschen auf seine individuelle Entfaltung: z. B. Religions- oder Meinungsfreiheit.

Die zweite Gruppe umfasst Mitwirkungsrechte am politischen Gemeinwesen, also Rechte, welche die Teilnahme der Menschen an der politischen Macht sichern sollen, wie die Gründung von Organisationen, beispielsweise Gewerkschaften.

Die dritte Gruppe sind Leistungs- und Versorgungsrechte wie z. B. das Recht auf Arbeit oder Gesundheitsfürsorge.

Keine der drei Gruppen hat einen Vorrang vor der anderen Gruppe. Alle drei Typen von Rechten haben einen gleichwertigen Status.

Norbert Brieskorn (geb. 1944) studierte Jura in Würzburg und München. 1968 schloss er sein Studium mit dem ersten juristischen Staatsexamen ab. Danach wurde er noch im selben Jahr Mitglied des Jesuitenordens. Anschließend studierte er Philosophie und Theologie und wurde 1975 zum Priester geweiht. Im Jahre 1985 habilitierte er sich an der Universität Würzburg in Rechtsphilosophie und Kirchenrecht. Anschließend ging er ein Jahr nach Lateinamerika, wo er die Rechtsgeschichte der Kolonialzeit studierte und sich mit philosophischen Ansätzen lateinamerikanischer und spanischer Autoren befasste.

Von 1994–2006 war Norbert Brieskorn Professor für Rechtsphilosophie, Sozialphilosophie und Sozialethik an der Hochschule für Philosophie in München, die vom Jesuitenorden gegründet wurde. Sein Forschungsschwerpunkt betrifft u. a. die historische Entwicklung und die philosophische Begründbarkeit von Menschenrechten, die auch in seinem Buch „Menschenrechte" im Vordergrund stehen.

Menschenrechte sind universell. Sie stehen allen Menschen zu, einfach aufgrund der Tatsache, dass sie Menschen sind.

2.4 Lernerfolgskontrolle

1. Wie begründet Thomas Hobbes, dass die Menschen einen Staat brauchen?
2. Charakterisieren Sie die beiden Prinzipien der Gerechtigkeit nach John Rawls.
3. Warum bezeichnet Robert Spaemann Gerechtigkeit als eine Tugend?

Robert Spaemann: **Gerechtigkeit als Tugend**

Zuerst und vor allem ist Gerechtigkeit eine Tugend. Das heißt: eine Haltung von Menschen. Gerechtigkeit kann jedem jederzeit gegenüber jedermann abverlangt werden; denn die Forderung der Gerechtigkeit verlangt nichts anderes als die Relativierung der eigenen Sympathien, Wünsche, Vorlieben und Interessen. Es ist kein hinreichender Rechtfertigungsgrund für mein Handeln, dass es meinen Interessen dient – wenn nämlich auch die Interessen anderer betroffen sind. Es mag sein, dass meine Interessen den Vorrang vor denen anderer haben; aber dann nicht weil es meine sind, sondern weil es inhaltlich wichtigere sind. Das aber heißt: Wenn die Interessen eines anderen wichtiger wären, dann müssten diese Vorrang haben. Gerecht nennen wir den, der bei Interessenkonflikten darauf sieht, um welche Interessen es sich handelt und bereit ist, davon abzusehen, wessen Interessen auf dem Spiel stehen. Und da wir immer versucht sind, uns in der Bewertung von Interessen etwas vorzumachen und uns selbst zu privilegieren, so gehört zur Gerechtigkeit die Bereitschaft, sich im Zweifelsfall einer unparteiischen Instanz zu unterwerfen. Das heißt allerdings zum Beispiel: Zur Gerechtigkeit gehört die Bereitschaft, sich staatlichen Gesetzen und einer öffentlichen Gerichtsbarkeit zu unterwerfen.

Exemplarische Lösung

Zu Aufgabe 1:
Thomas Hobbes geht davon aus, dass die Menschen im Naturzustand ihre Selbstbehauptung gegenseitig durchsetzen wollen. Dabei kommt es

zu einem Krieg aller gegen alle, weil jeder seinen eigenen Interessen den Vorrang gibt. Um Schutz und Frieden unter den Menschen zu gewährleisten, muss ein starker Herrscher (Leviathan) die Macht übernehmen.

Zu Aufgabe 2:
Das erste Gerechtigkeitsprinzip von Rawls umfasst ein System gemeinsamer Grundfreiheiten für alle Menschen, um ihre individuelle Entwicklung und Mitwirkung am Gemeinwesen zu fördern.
Das zweite Gerechtigkeitsprinzip sichert den sozialen Zusammenhalt in der Gesellschaft. Es lässt zwar eine ungleiche Verteilung von Einkommen und Vermögen zu, aber nur wenn auch die sozial Schwächsten in der Gesellschaft davon profitieren.

Zu Aufgabe 3:
Robert Spaemann schließt sich der antiken Auffassung an, wonach Gerechtigkeit eine moralische Haltung (Tugend) ist. Er geht davon aus, dass die eigenen Interessen gegen die Interessen anderer Menschen abgewogen werden müssen. Schließlich haben dann jene Interessen Vorrang, welche inhaltlich am wichtigsten sind. Bei Interessenkonflikten muss man sich einer unparteiischen Instanz unterwerfen, zum Beispiel Gesetzen und einer öffentlichen Rechtssprechung.

3. Welt und Wissenschaft

3.1 Der Logos

Ungefähr vor 2.500 Jahren entwickelte sich in Griechenland eine neue Form der Weltbetrachtung. Im alten Weltbild hatten die verschiedenen Götter den Menschen auf alle Fragen nach dem Sinn und Zweck des Seins Antworten gegeben. Solche religiösen Welterklärungen wurden als Mythos bezeichnet und von Generation zu Generation weitergereicht.

Schon im 7. Jahrhundert v. Chr. gründeten die Griechen sowohl auf dem Festland als auch in ihren Kolonien in Süditalien und Kleinasien Stadtstaaten. Dort verrichteten Sklaven viele der körperlichen Arbeiten, während sich die freien Bürger dem Gemeinwesen und geistigen Tätigkeiten widmeten. Unter diesen Lebensbedingungen machte auch das Denken der Menschen einen gewaltigen Sprung. Einige Menschen begannen die Welt genauer und tiefgründiger zu beobachten, andere Fragen zu stellen und neue Antworten zu suchen. Ihre philosophische Tätigkeit kam ohne die überlieferten Mythen aus. Diese Philosophen wollten herausfinden, ob es etwas gibt, das die Welt im Innersten zusammenhält.

Die Frage nach dem letzten Urgrund des Seins wird in der Philosophie als „Metaphysik“ bezeichnet, als das, was hinter der Natur (*physis*) liegt.

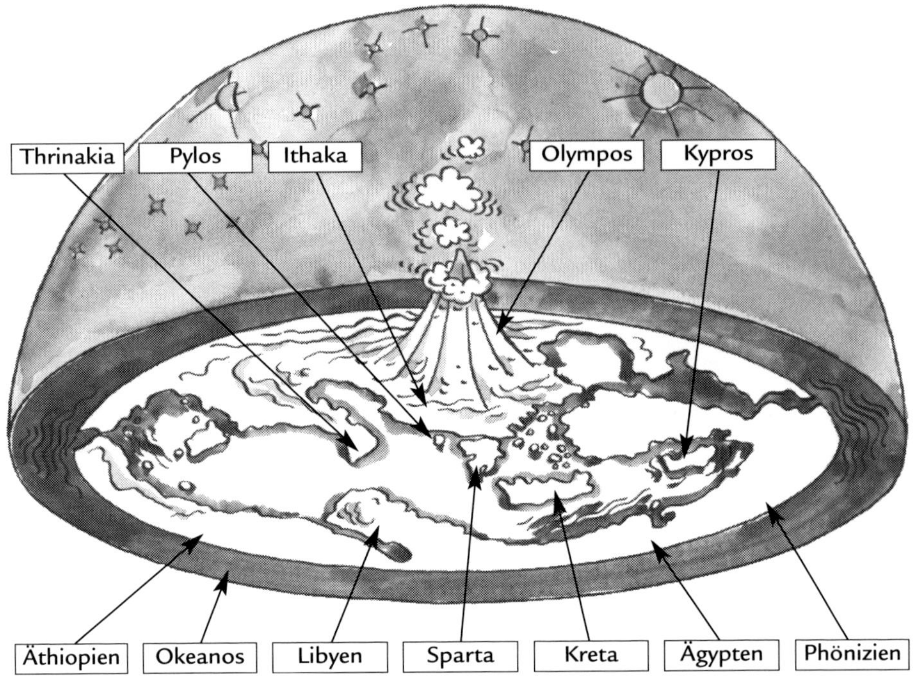

Im 8. Jahrhundert v. Chr. hatten die Griechen ein mythisches Weltbild von der Erde entwickelt. Sie stellten sich die Erde als flache Scheibe vor, in deren Mittelpunkt sich der Göttertempel Olymp befindet. Um ihn herum rankt sich der Okeanos. Darüber wölbt sich der Himmel als kristallene Halbkugel, an deren Innenseite die Sterne befestigt sind.

TXT 21

Heraklit: Der Logos

Man muss bauen auf das allen Gemeinsame, wie eine Stadt auf ihr Gesetz, und noch viel fester. Denn alle menschlichen Gesetze ziehen ihre Nahrung aus dem einen Göttlichen. Denn das herrscht, soweit es nur will; es genügt allem und ist stärker als alles.

Daher muss man dem Gemeinsamen folgen. Obgleich aber das Weltgesetz (Logos) allen gemeinsam ist, leben doch die Vielen, als ob sie eine eigene Denkkraft hätten.

Die Weltvernunft, der Logos, ist identisch mit der Gottheit, die das Weltprinzip, das Weltgesetz ist. Daher steht Herakleitos in schärfstem Gegensatz zu den damals herrschenden religiösen Vorstellungen. Capelle erklärt dann die Aussage von Heraklit:

Die Gedanken der vorsokratischen Philosophen, zu denen auch Heraklit gehört, sind nur unvollständig erhalten. Sie wurden von anderen Philosophen wie zum Beispiel Aristoteles überliefert.

Heraklit ging durch Beobachtungen und Überlegungen davon aus, dass alles auf der Welt veränderlich ist. Deshalb prägte er den berühmten Ausspruch „Alles fließt" und suchte nach einer Erklärung dafür. Denn er war davon überzeugt, dass es etwas gibt, das Mensch und Natur in Bewegung setzt. Er nannte dieses Prinzip Weltgesetz, Weltvernunft oder Logos. Seine wesentliche Eigenschaft ist die Unveränderlichkeit (siehe hierzu auch das Tao unter 1.5.7 in diesem Buch).

Heraklit (um 540–480 v. Chr.) wurde in der jetzt türkischen Stadt Ephesos geboren. Sie gehörte damals zum griechischen Einflussbereich. Heraklit entstammte einer hochadligen Familie und übte das Amt eines Priesters aus, das er später jedoch an seinen jüngeren Bruder übergab. Über andere Details seines Lebens ist wenig bekannt. Er soll in Ephesos auch eine Philosophenschule gegründet haben, die er bis zu seinem Tode leitete und an der nach nicht bestätigten Überlieferungen auch Frauen teilnehmen durften. Seine wichtigste Schrift trägt den Titel „Über die Natur“. In ihr soll Heraklit seine Dialektik entwickelt haben, d. h. er ging davon aus, dass die Welt aus Gegensätzen wie hell und dunkel oder gut und böse besteht, die miteinander einen ewigen Kampf führen.

3.2 Die Suche nach dem Sinn

Ein wichtiges Gebiet der Metaphysik sind Fragen nach dem letzten Urgrund des Seins und dem Sinn und Zweck der Existenz des Menschen und der Welt: Wie ist das Universum entstanden? Wozu leben wir Menschen? Wie können wir ein sinnvolles Leben führen?

Dabei spielen vor allem Probleme des Todes, der Unsterblichkeit und eines Lebens nach dem Tode eine wesentliche Rolle.

TXT 22

Hannah Arendt: **Wenn wir unsterblich wären ...**

Unsterblichkeit ist ein Währen und Dauern in der Zeit, ein todloses Leben, wie es griechischer Auffassung nach der Natur und den olympischen Göttern zu eigen war. In dieses immerwährende Leben der Natur und unter den Himmel der tod- und alterslosen Götter wurden die sterblichen Menschen geboren, das einzig Vergängliche in einem unvergänglichen Kosmos, in welchem Sterbliche und Unsterbliche einander begegneten, in dem es aber Ewigkeit oder die Herrschaft eines ewigen Gottes nicht gab. Wenn wir Herodot[1] Glauben schenken, war dieser Unterschied zwischen unsterblichen Göttern und einem ewigen Gott den Griechen keineswegs unbekannt; und sie orientierten offenbar an ihm ein gewissermaßen noch rudimentäres[2] Selbstverständnis, bevor die griechische Philosophie in ihren Seinsspekulationen die spezifisch griechische Erfahrung des Ewigen begrifflich klärte und artikulierte. Anlässlich einer Erörterung asiatischer Kulte, die einem unsichtbaren Gott galten, bemerkt Herodot ausdrücklich, dass, verglichen mit diesen, wie wir heute sagen würden, transzendenten Göttern (die jenseits von Raum und Zeit existieren) die griechischen Götter nicht etwa anthropomorph, von gleicher Gestalt wie die Menschen [...] sind.

Den Griechen erwuchs Verlangen nach Unsterblichkeit aus dem Bewusstsein, als Sterbliche von einer unvergänglichen Natur umgeben zu sein und unter den Augen todloser Götter ihr Leben zu verbringen. Eingelassen in eine Ordnung, in der alles unsterblich war außer den Menschen, wurde Sterblichkeit als solche das eigentliche Merkmal menschlicher Existenz. Menschen sind „die Sterblichen" schlechthin, nämlich das Einzige, was überhaupt sterblich ist, und sie unterscheiden sich von den Tieren dadurch, dass sie nicht nur als Glieder der Gattung existieren, deren Unsterblichkeit durch Fortpflanzung gewährleistet ist. Mortalität liegt in dem Faktum beschlossen, dass dem Menschen ein individuelles Leben mit einer erkennbaren Lebensgeschichte aus dem biologischen Lebensprozess heraus- und zuwächst. Diese individuelle Lebensgeschichte unterscheidet sich von allen anderen natürlichen Prozessen dadurch, dass sie linear verläuft und so den Kreislauf des biologischen Lebens gleichsam durchschneidet. Sterblich sein – das heißt in einem Universum, in dem alles im Kreise schwingt und Anfang und Ende immerfort dasselbe sind, einen Anfang haben und ein Ende und daher in die ganz und gar „unnatürliche" Form, einer geradlinigen Bewegung gebannt sein.

1 griechischer Geschichtsschreiber (um 490–425 v. Chr.)
2 nicht ausgebildet

Hannah Arendt beschreibt das Weltbild der griechischen Philosophie beim Übergang vom Mythos zum Logos. Die mythischen Götter sind unsterblich im unvergänglichen Kosmos, während sich die sterblichen Menschen durch ihre Vergänglichkeit auszeichnen.

Die griechische Philosophie leitet hier einen Wandel in der Weltbetrachtung ein (siehe Text 21 von Heraklit). Sie bestimmt das Ewige als Weltvernunft, als Logos.

Den Ausgangspunkt der mythischen Welterfahrung bildet die Erkenntnis, dass sich die Menschen von den Göttern durch ihre Sterblichkeit unterscheiden. Sie ist das eigentliche Merkmal menschlicher Existenz. Von den Tieren unterscheiden sich die Menschen dadurch, dass sie ein individuelles Leben mit einer individuellen Lebensgeschichte haben und sich nicht nur wie die Tiere als Gattung fortpflanzen. Ein individuelles Leben zu leben bedeutet, einen Anfang und ein Ende zu haben. Und dazwischen liegt die eigene Lebensgeschichte, die gestaltet werden muss.

Hannah Arendt (1906–1975) gehört zu den wichtigsten deutschen Philosophinnen des 20. Jahrhunderts. Sie wurde 1906 in Hannover als einziges Kind in der jüdischen Familie eines Ingenieurs geboren. Sie verbrachte ihre Kindheit in Königsberg (heute Kaliningrad in Russland) und verlor im Alter von sieben Jahren ihren Vater. Später besuchte sie das erste Mädchengymnasium in Königsberg, das berühmte Luisengymnasium.

Mit 15 Jahren musste Hannah die Schule verlassen, weil sie ihre Mitschüler zum Boykott des Unterrichts bei einem Lehrer aufgerufen hatte, der die Schülerinnen arrogant behandelte. Sie lebte einige Zeit in Berlin und besuchte dort an der Universität Kurse in Griechisch und Latein, um anschließend unter erschwerten Bedingungen ein externes Abitur in Königsberg abzulegen.

1924 ging Hannah Arendt zum Studium nach Marburg. Sie hörte u. a. Vorlesungen in Philosophie bei Martin Heidegger, einem der bekanntesten Vertreter der Existenzphilosophie in Deutschland. Der 17 Jahre ältere Heidegger verliebte sich in die Studentin; ihre Liebe musste jedoch geheim bleiben, da Heidegger verheiratet war.

Hannah Arendt promovierte 1929 bei dem deutschen Philosophen Karl Jaspers. Nach der Machtergreifung der Nationalsozialisten und der beginnenden Judenverfolgung emigrierte sie 1933 nach Paris und Südfrankreich und heiratete 1940 in zweiter Ehe den Journalisten und Philosophen Heinrich Blücher (1899–1970). Mit ihm ging sie 1941 in die USA, wo sie mehrere Lehrstühle für Philosophie innehatte. Obwohl Martin Heidegger sich anfangs zum Nationalsozialismus bekannte, riss der Kontakt zwischen ihm und Hannah Arendt nie ab. Sie besuchte ihn nach dem Krieg mehrmals in Deutschland.

Hannah Arendts wichtigstes Werk heißt „Vita activa". Ausgehend von der Geburtlichkeit, also der Fähigkeit, einen Anfang machen zu können, legt sie darin dar, dass ein aktives Leben drei Grundbausteine hat: die Arbeit als biologischer Reproduktionsprozess des Menschen; das Herstellen, durch das sich der Mensch viele künstliche Dinge in der Welt schafft und das Handeln im politischen Gemeinwesen. Das Handeln ermöglicht dem Menschen sein individuelles Leben in Gemeinschaft mit anderen aktiv zu gestalten.

3.3 Methoden der Wissenschaft

TXT 23

Fernando Savater: **Vernunft als Richtschnur des Denkens**

Nicht einmal, was ich selbst erfahren kann, ist eine sichere Wissensquelle: Wenn ich einen Stock ins Wasser tauche, scheint er unter der Oberfläche zu brechen, obwohl der Tastsinn diesen Eindruck Lügen straft. Ich könnte beinahe schwören, dass die Sonne ihre Bahn durch den Taghimmel zieht und nicht viel größer als ein Fußball ist, den ich allein mit meinem Fuß verdecken kann, wenn ich am Boden liege und das Bein in die Luft strecke! Die Astronomie dagegen gibt mir in dieser Hinsicht ganz andere Informationen. Außerdem hatte ich gelegentlich Halluzinationen und Sinnestäuschungen, vor allem wenn ich müde war oder zu viel getrunken hatte. [...]

Soll das alles heißen, dass ich niemals darauf vertrauen kann, was mir andere sagen, was ich lerne und selbst erfahre? Keineswegs. Doch es erscheint unverzichtbar, ab und zu einige Dinge, die ich zu wissen glaube, einer kritischen Prüfung zu unterziehen und sie mit anderen zu diskutieren, die mir helfen können, sie besser zu verstehen. Mit einem Wort: Es ist notwendig, Argumente zu suchen, um sie zu übernehmen oder abzulehnen. Diese Übung, Argumente zu suchen und abzuwägen, bevor man das, was man zu wissen glaubt, als stichhaltig akzeptiert, nennt man gewöhnlich den Gebrauch der Vernunft.

Natürlich ist die Vernunft nichts Einfaches, sie ist nicht eine Art Leuchtturm oder etwas Ähnliches in unserem Inneren, um die Wirklichkeit zu beleuchten. Sie ähnelt eher einer Sammlung von Gewohnheiten des Denkens, Schätzungen und Vorsichtsregeln, die zum Teil die Erfahrung diktiert und die sich zum Teil auf die Regeln der Logik stützen. Die Kombination all dessen ergibt eine Fähigkeit, mit der sich – zumindest teilweise – die Beziehungen feststellen oder begreifen lassen, die dafür sorgen, dass die Dinge voneinander abhängen und aus einer bestimmten Form und keiner anderen bestehen – eine Definition von Leibniz, einem Philosophen des 18. Jahrhunderts, die ich hier für meine Bedürfnisse leicht abgewandelt habe. [...]

Die Vernunft ist nicht etwas, das mir die anderen erzählen, und sie ist auch nicht das Ergebnis meines Lernens oder meiner Erfahrung, sondern ein kritisches intellektuelles Verfahren. Ich benutze es, um die Nachrichten, die ich erhalte, die Studien, die ich betreibe oder die Erfahrungen, die ich mache, zu organisieren, indem ich bestimmte Dinge akzeptiere – zumindest vorläufig, in Erwartung besserer Argumente -, andere dagegen nicht. Dabei versuche ich immer, meine Annahmen untereinander in Einklang zu bringen. Und die erste Anstrengung der Vernunft in diese Richtung ist der Versuch, meinen rein persönlichen oder subjektiven Standpunkt mit einem objektiveren oder intersubjektiven (zwischen verschiedenen Personen anerkannten) Standpunkt in Harmonie zu bringen – einem Standpunkt, von dem aus jedes andere rationale Wesen die Wirklichkeit betrachten kann.

Auch Fernando Savater geht – wie bereits Heraklit – davon aus, dass sinnliche Wahrnehmungen keinen sicheren Beweis dafür liefern, ob etwas wahr ist oder nicht. Um Gewissheit zu erlangen, ist es deshalb in vielen Fällen erforderlich, unser Erfahrungswissen einer kritischen Prüfung zu unterziehen. Diese Funktion übernimmt das Vermögen der Vernunft. Vernunftanwendung ermöglicht uns, einen Sachverhalt oder eine Meinung durch Argumente zu klären, d. h. zu rechtfertigen oder abzulehnen (siehe hierzu auch den Kapitel 4.2 in diesem Buch).

Durch die Vernunft können wir darüber hinaus Zusammenhänge zwischen verschiedenen Dingen herstellen, Unterschiede erkennen und logische Abfolgen festlegen. Sie lässt sich deshalb als eine intellektuelle Methode zur Erkenntnisgewinnung und Wissensorganisation bezeichnen.

Die Vernunft ermöglicht uns auch, unseren subjektiven Standpunkt in einen objektiven zu verwandeln. Denn durch gute Argumente, Zusammenhänge, logische Regeln und Unterscheidungen kann es uns gelingen, andere Menschen von der Richtigkeit unseres Urteils zu überzeugen.

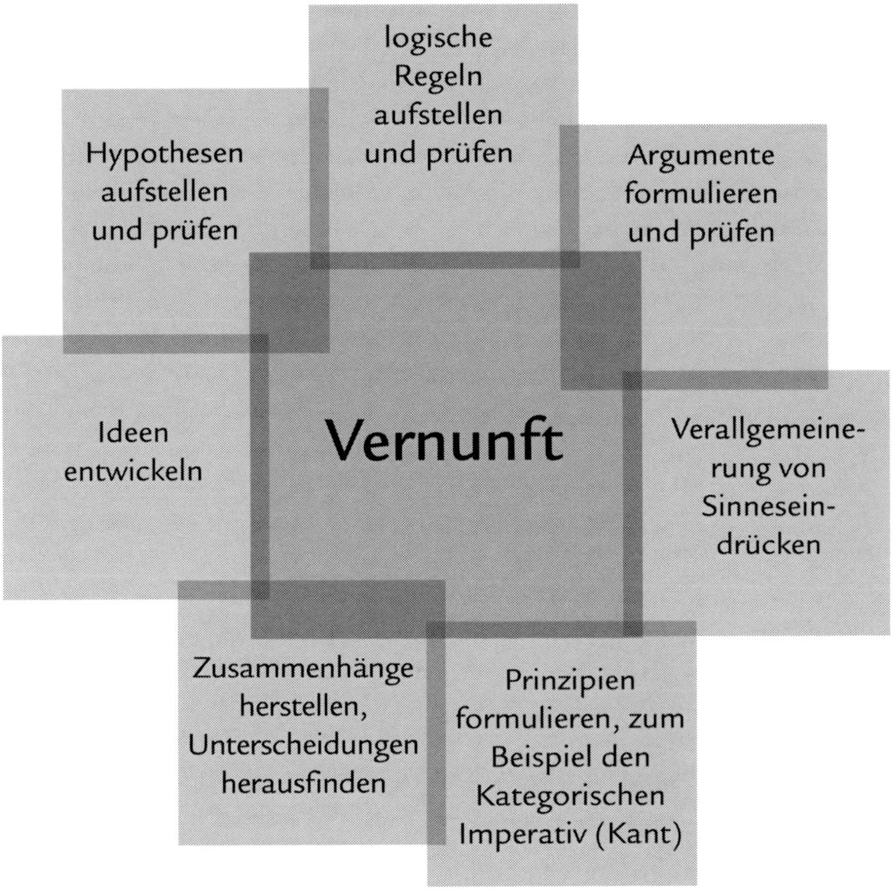

logische Regeln aufstellen und prüfen

Hypothesen aufstellen und prüfen

Argumente formulieren und prüfen

Ideen entwickeln

Vernunft

Verallgemeinerung von Sinneseindrücken

Zusammenhänge herstellen, Unterscheidungen herausfinden

Prinzipien formulieren, zum Beispiel den Kategorischen Imperativ (Kant)

Fernando Savater wurde 1947 in San Sebastian im Baskenland in einer spanischen Notarsfamilie geboren. Er studierte an der Universität Complutense in Madrid Philosophie, an der er heute auch als Professor unterrichtet. Politisch engagiert er sich gegen den baskischen Nationalismus und für den Erhalt der nationalen Einheit Spaniens. Savater erlangte Weltruf als Autor zahlreicher Philosophiebücher für Jugendliche. Zu ihnen gehören u. a. „Tu, was du willst – Ethik für junge Erwachsene“ und „Die Fragen des Lebens“.

Paul Feyerabend: **Was ist Wissenschaft?**

Schon immer strebten die Menschen nach Wissen. Da der Mensch nicht oder nur mit wenig „eingebautem Wissen", den so genannten „Instinkten" ausgestattet ist, ist zumindest etwas Wissen lebensnotwendig. Welche Pflanzen sind essbar und welche sind giftig? Wie kann man sich gegen gefährliche Raubtiere wehren? Wie kann ich mich vor Kälte schützen?

Das Wissen der Menschen erweiterte sich immer mehr. Das war durch die Sprache möglich geworden – man konnte Wissen nun „transportieren". Und als dann die Schrift erfunden wurde, ging es natürlich noch schneller voran. Als die Menschen begannen, über die Welt nachzudenken, ergaben sich neue Fragen – Fragen nach dem Ursprung des Lebens, der Bedeutung des Todes, der Beschaffenheit der Welt. Diese Fragen waren nicht so leicht und eindeutig zu beantworten, und die ersten Antworten waren nur vage Vermutungen: Der Blitz, könnte das nicht der gewaltige Pfeil eines Gottes sein? Ist die Welt vielleicht aus dem Ei eines Urvogels geschlüpft? Sind die Sterne Löcher in einem großen Dach, das die Welt überspannt?

Je komplizierter die Fragen wurden, desto mehr tauchte das Problem auf, was denn nun eigentlich Wissen sei, und wie man am besten daran kommt. Nun, wir haben ja heute die Wissenschaften, die uns sagen, was wir wissen. Oder etwa nicht? Ja, was ist Wissenschaft denn überhaupt? Die Wurzeln des heutigen Wissenschaftsverständnisses liegen in der Philosophie der griechischen Antike. Deshalb galt die Philosophie auch lange Zeit als „die Mutter aller Wissenschaft". Damals begannen die Menschen, bei der Suche nach Wissen systematisch vorzugehen. Wissenschaft hat also etwas mit systematischem Vorgehen zu tun. Doch nach welchem System eigentlich? Es gibt ja nicht nur eines.

Wissenschaftliche Erkenntnisse, so heißt es, müssen durch allgemein nachvollziehbare Argumente, durch Experimente, durch Belege, Quellen usw. ihre Gültigkeit nachweisen. Die Wissenschaft ist also ein rationales System des Erkenntnisgewinns, das sich von Meinungen, von Glauben, von Erfahrung, Weisheit, Intuition usw. unterscheidet.

Grundlage für die Entstehung von Wissenschaft ist nach Ansicht von Paul Feyerabend das Streben der Menschen nach Wissen. Sprache und Schrift ermöglichen, dieses Wissen zu transportieren.

Den Antriebsmotor des Wissens bildet die Neugier der Menschen, die Welt erklären zu wollen. Diese Neugier mündet in Fragen nach dem Ursprung des Universums und seiner Beschaffenheit und führt schließlich zur Suche nach Antworten. Diese wurden bereits in der Antike systematisiert, d.h. die Menschen versuchten, das gesammelte Wissen in einem System zu sortieren.

Als Wissenschaft bezeichnet Paul Feyerabend ein rationales System von Erkenntnissen, das sich im Unterschied zum bloßen Meinen auf regelhafte und überprüfbare Experimente, genaue Erklärungen und umfassende Argumentationen stützt.

Die Wissenschaften lassen sich in mehrere größere Gruppen unterteilen: Die erste größere Gruppe sind die Naturwissenschaften, zu denen zum Beispiel Physik, Chemie und Biologie gehören. Sie beschäftigen sich mit der Struktur und Entwicklung der Materie.

Eine zweite Gruppe sind die Geistes- und Sozialwissenschaften. Sie untersuchen das Denken und Handeln sowie die geschichtlich-kulturelle Entwicklung des Menschen. Dazu gehören zum Beispiel die Philosophie, die Geschichtswissenschaft oder die Ethnologie (Völkerkunde).

Paul Feyerabend (1924–1994) wurde in einer Beamtenfamilie in Wien geboren. Während des II. Weltkrieges war er Offizier an der Ostfront in Russland und wurde schwer verwundet. Er litt Zeit seines Lebens an großen Schmerzen und musste am Stock gehen. Nach dem Krieg studierte Feyerabend zunächst in Weimar Theaterwissenschaft und lernte in Berlin den Dichter und Dramatiker Bertolt Brecht kennen, für den er als Regieassistent arbeiten sollte. Er lehnte jedoch ab und begann stattdessen 1947 in Wien Physik, Astronomie und Philosophie zu studieren. In den 50er Jahren hörte Paul Feyerabend Vorlesungen bei dem berühmten englischen Philosophen Karl Popper in London und erhielt durch seine Vermittlung eine Professur in den USA. Von 1958–1989 lehrte er an der Universität von Berkeley in Kalifornien Philosophie, insbesondere

Wissenschaftstheorie. Nach dem großen Erdbeben von San Francisco 1989 verließ er die USA und unterrichtete in Zürich am Ethisch-Technischen-Zentrum. Er hatte auch Gastprofessuren in Berlin und Kassel.

Paul Feyerabend hat sich in der Wissenschaftstheorie dafür stark gemacht, dass es keine allgemein verbindlichen, keine für immer und alle gültigen Methoden gibt, die sozusagen als Dogma für die Wissenschaft als Ganzes gelten. Nach seiner Ansicht entwickelt jede Wissenschaftsdisziplin ihre eigenen spezifischen Methoden, d. h. Feyerabend trat ein für eine gleichberechtigte Vielzahl an Methoden (Methodenpluralismus). Sein wichtigstes Buch heißt „Erkenntnis für freie Menschen“.

TXT 25

Richard Feynman: **Zweifeln lernen**

Die Freiheit zu zweifeln spielt eine wichtige Rolle in der Wissenschaft und, so glaube ich, auch in anderen Bereichen. Sie war das Ergebnis eines Kampfes. Eines Kampfes darum, zweifeln und unsicher sein zu dürfen. Und wir sollten nicht vergessen, wie wichtig dieser Kampf war, und ihn nicht aus Nachlässigkeit in Vergessenheit geraten lassen. Als Wissenschaftler, der um den ungeheuren Wert einer zufriedenstellenden Philosophie des Nicht-Wissens und um den Fortschritt weiß, den eine solche Philosophie ermöglicht, einen Fortschritt, der die Frucht der Freiheit des Denkens ist, verspüre ich eine gewisse Verantwortung. Ich fühle mich verantwortlich dafür, den Wert dieser Freiheit zu verkünden und den Leuten beizubringen: Vor Zweifeln braucht man sich nicht zu fürchten, sondern sollte sie als die Möglichkeit eines neuen Potentials für die Menschheit begrüßen. Wenn Sie wissen, Sie sind sich nicht sicher, dann haben Sie die Chance, diesen Zustand zum Besseren hin zu verändern. Und diese Freiheit will ich für zukünftige Generationen einfordern.

Den Ausgangspunkt von Feynmans kritischen Überlegungen bildet das traditionelle Wissenschaftsverständnis, wonach Wissenschaftler allgemeingültige und unveränderliche Erkenntnisse liefern sollen. Einige Forscherinnen und Forscher wiesen aber im Laufe der Wissenschaftsgeschichte darauf hin, dass sich die Wissenschaft auch irren kann und sehr oft geirrt hat. Deshalb müssen

Ergebnisse und Theorien immer wieder neu hinterfragt werden, d. h. die Fähigkeit zu zweifeln ist eine wichtige Grundlage für den Erkenntnisgewinn. Denn nur jemand, der zweifelt, fragt weiter und kommt dadurch zu neuen Einsichten.

Für Feynman, der an der Entwicklung der Atombombe mitgewirkt hat, ist der Zweifel aber auch ein ethisches Prinzip. Nur wer zweifelt, ob seine Erkenntnisse auch der Menschheit nützen, kann die Welt zum Besseren hin verändern.

Richard Feynman (1918–1988) war Physiker und Nobelpreisträger (1965). Er stammte aus einer Handwerksfamilie aus der Nähe von New York City. Seine Eltern konnten sich kein Studium leisten. Da ihr Sohn jedoch bereits auf der Highschool wegen seiner großen naturwissenschaftlichen Begabung auffiel, finanzierten sie ihm mit großer Anstrengung ein Physikstudium an der berühmten Princeton University. Feynman machte sich vor allem auf dem Gebiet der Quantenphysik einen Namen. 1945 war er in Los Alamos an der Entwicklung der ersten amerikanischen Atombombe beteiligt. Diese Erfahrung brachte ihn zur Philosophie. Er hielt später Vorlesungen über Religion und Ethik und beschäftigte sich auch mit Wissenschaftstheorie. Sein bekanntestes Buch auf dem Gebiet der Philosophie in deutscher Sprache heißt „Was soll das alles?". Darin ermahnt er die Wissenschaftlerinnen und Wissenschaftler, die ethische Verantwortung für ihre Erfindungen zu übernehmen.

3.4 Lernerfolgskontrolle

1. Erläutern Sie an einem selbstgewählten Beispiel, welche Rolle die Vernunft beim Wissenserwerb spielt.
2. Welcher Unterschied besteht zwischen Mythos und Logos?
3. Beschreiben Sie das Wesen der deduktiven Methode nach Aristoteles. Grenzen Sie diese von der induktiven Methode ab, die Sie aus dem naturwissenschaftlichen Unterricht kennen.

Aristoteles: **Die deduktive Methode**

Die Wissenschaftstheorie geht von zwei grundlegenden Methoden der Erkenntnisgewinnung aus: von der deduktiven und der induktiven Methode.

Die deduktive Methode wurde bereits in der Antike angewendet und von Aristoteles in seiner Schrift „Physik" folgendermaßen charakterisiert:

Bei der Wissenschaft von der Natur muss der Versuch gemacht werden, zunächst die Prinzipien zu bestimmen. Es ergibt sich damit der Weg von dem uns Bekannteren und Klareren zu dem der Sache nach Klareren und Bekannteren. Deshalb muss also auf diese Weise vorgegangen werden: Von dem der Natur nach Undeutlicheren uns aber Klareren bis zu dem, was der Natur nach klarer und bekannter ist. Uns ist aber zu allererst klar und durchsichtig das mehr Vermengte. Später erst werden zu diesem die Grundbausteine und Prinzipien erkannt, wenn man es auseinander nimmt. Deswegen muss der Weg vom Allgemeinen (Komplexen) zum Einzelnen (Teilmoment) führen. Denn nach der Sinneswahrnehmung ist immer das Ganze bekannter, das Allgemeine ist aber eine Art von Ganzem, denn es umfasst viele Einzelmomente als seine Teile.

Exemplarische Lösung

Zu Aufgabe 1:
Bezogen auf ein Beispiel aus der Physik, Chemie oder Biologie kann gezeigt werden, dass Erfahrungswissen nicht ausreicht, um eine Erkenntnis zu sichern. Die Beobachtungen oder Ergebnisse von Experimenten können variieren. Hier kommt die Vernunft ins Spiel. Sie ermöglicht, auf frühere Beobachtungen oder Ergebnisse Bezug zu nehmen, Zusammenhänge herzustellen, Argumente zu finden und Prinzipien zu formulieren.

Zu Aufgabe 2:
Der Mythos ist eine Göttererzählung. Die Entstehung der Welt und des Menschen wird in die Hände mehrerer Götter gelegt, welche über die Geschicke der Welt bestimmen.

Der Logos hingegen führt das veränderliche Geschehen auf der Welt auf eine Einheit zurück, die Weltvernunft. Sie ist der rationale Urgrund der Welt – unveränderlich, ewig und unteilbar.

Zu Aufgabe 3:
Aristoteles meint, dass im Erkenntnisprozess vom Ganzen auf das Einzelne geschlossen werden sollte, denn das Ganze ist umfassender als die einzelne Sinneswahrnehmung: Alle Menschen sind sterblich. Johannes ist ein Mensch, also ist er auch sterblich.

Bei der induktiven Methode findet der umgekehrt Weg statt. Durch einzelne Beobachtungen und Teilergebnisse wird auf das Ganze geschlossen: Diese Bohne ist aus diesem Sack. Diese Bohne ist weiß. 20 willkürlich ausgesuchte andere Bohnen aus dem Sack sind auch weiß. Also: Alle Bohnen aus diesem Sack sind weiß.

4. Methoden des Philosophierens

4.1 Wie lassen sich Begriffe klären?

In philosophischen Texten tauchen immer wieder abstrakte Begriffe wie Freiheit, Gerechtigkeit oder Glück auf. Jeder von uns verbindet damit möglicherweise etwas anderes. Deshalb ist es bei der Lektüre von Texten oder in Diskussionen wichtig, über einzelne Begriffe intensiver nachzudenken. In der Philosophie wird diese Methode als Begriffsanalyse bezeichnet. Sie ermöglicht den Philosophierenden, verschiedene charakteristische Bedeutungen eines Begriffs (also das, was typisch ist) herauszuarbeiten. Wir zeigen jetzt am Begriff der Freundschaft, wie das gehen kann.

A) Wer das Typische einer Freundschaft verstehen will, sollte nach *Modellfällen* suchen. Aus diesen ergeben sich Merkmale, die ein zu klärender Begriff unbedingt haben muss, damit wir das Wesen eines Dinges, das er bezeichnet, auch erkennen. Modellfälle sollten in Form von Begriffen oder zusammengesetzten Ausdrücken gesucht werden, die geeignet sind, den zu klärenden Begriff näher zu beschreiben.

Solche charakteristischen Begriffe für Freundschaft sind z. B. alltagssprachliche Ausdrücke wie „auf gleicher Wellenlänge schwimmen, Vertrauen schenken, einander helfen oder Geheimnisse anvertrauen". Sie gelten als wesentliche Eigenschaften der Freundschaft und werden nicht in eine bestimmte Rangfolge gebracht, d. h. sie sind alle „gleich wichtig".

Nachdem verschiedene Modellfälle gesucht worden sind, können Sie sich in einem zweiten Schritt auf eine wesentliche Eigenschaft des zu klärenden Begriffs festlegen, d. h. einen Modellfall als besonders charakteristisch auswählen. So könnten wir beispielsweise Freundschaft lediglich als „auf gleicher Wellenlänge schwimmen" definieren und uns auf dieses eine charakteristische Merkmal beschränken. Danach würde dann ausprobiert, wie weit man damit kommen kann.

Modellfälle müssen nicht für alle Philosophierenden gleich sein. Über die Bedeutung von Begriffen nachzudenken ist wie das Philosophieren selbst ein offener Prozess des Nachdenkens, der zu unterschiedlichen Ergebnissen führen kann.

B) Manchmal fällt es schwer, Begriffe als Modellfälle zu finden. Deshalb haben Sie auch die Möglichkeit, nach Beispielen und Situationen zu suchen, die für Sie modellhaft für einen Begriff wie Freundschaft sind. Schreiben Sie diese Beispiele zuerst auf und fassen Sie diese anschließend in Form von kurzen Ausdrücken (*Schlüsselwörter, key words*) zusammen:

einander helfen

Geheimnisse erzählen

gemeinsam die Freizeit gestalten

sich nicht belügen

sich aufeinander verlassen

einander vertrauen

In einem zweiten Schritt können Sie die Schlüsselwörter in einem Begriffskreis nach ihrer Wichtigkeit sortieren.

In einem Begriffskreis wird der Begriff, über den nachgedacht werden soll, in die Mitte eines Blattes geschrieben. Anschließend wird zwischen dem Kern des Begriffs (ganz wichtige Begriffe) und dem Umfeld des Begriffs (nicht ganz so wichtige Begriffe) unterschieden. Neben den Kreis können noch weitergehende Bemerkungen zu dem Begriff hingeschrieben werden.

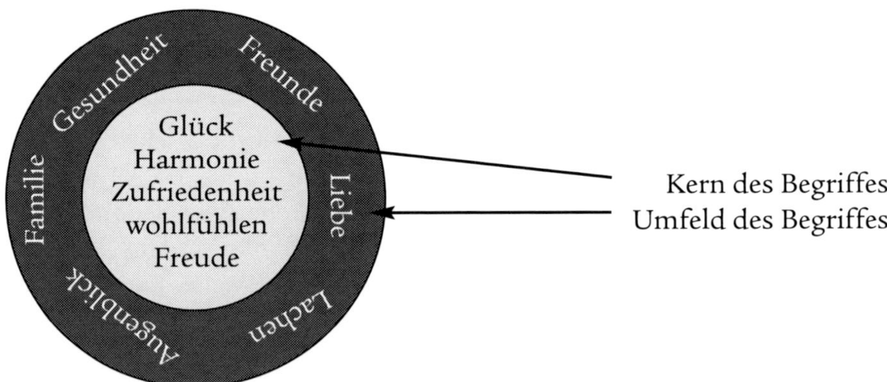

C) Manchmal genügt es auch, wenn Sie beim Lesen eines Textes kurz nachdenken, was Sie unter einem dort angeführten schwierigen Begriff verstehen und sich dann mit den anderen Philosophierenden über die Begriffsbedeutung verständigen.

4.2 Wie kann ich meine Meinung begründen?

Beim Philosophieren mit oder ohne Text ist es vor allem wichtig, seine Meinung zu begründen, damit die anderen verstehen, warum jemand so und nicht anders denkt. Jede geäußerte Meinung sollte deshalb durch mindestens einen triftigen Grund gerechtfertigt werden, durch den sie in sich schlüssig erscheint.

Die Gründe, mit denen eine Meinung gestützt werden kann, tragen vielfältigen Charakter.

Die einfachste Möglichkeit des philosophischen Argumentierens ist die Bezugnahme auf *empirische Gründe*. Diese umfassen Tatsacheninformationen, die gegebenenfalls nachgeprüft werden können: Ich bin glücklich, weil ich meinen verlorenen Schlüssel wieder gefunden habe und deshalb in meine Wohnung kann (Jeder kann nachprüfen, ob das auch stimmt). Empirische Gründe dienen dazu, die Angemessenheit von einzelnen Handlungen auf der *Grundlage von Fakten* zu erklären.

Einen größeren Schwierigkeitsgrad weisen *nichtempirische Gründe* auf, mit denen sich die Philosophie im Wesentlichen beschäftigt. Sie sind eine Kombination von Gedanken (in Form von Begriffen), die nicht an Fakten überprüft werden können. Nichtempirische Gründe dienen dazu, das Verständnis einer Handlung bzw. eines Urteils zu „verbessern" und erklären, warum jemand eine bestimmte Meinung oder Haltung vertritt: Freunde dürfen sich nicht belügen, *weil man sich sonst nicht auf den anderen verlassen kann*. Der Grund „weil man sich sonst nicht auf den anderen verlassen kann" lässt sich nicht anhand von Fakten nachprüfen, d. h. wir sehen oder hören nicht, ob man sich auf jemanden verlassen kann oder nicht. Darüber müssen Erfahrungen ausgetauscht werden: Was würde passieren, wenn Freunde sich belügen würden? Woran merkt jemand, ob er sich auf seinen Freund oder seine Freundin verlassen kann?

Die Überzeugungskraft eines Grundes hängt also davon ab, wie plausibel (einleuchtend) er formuliert wurde. Gegebenenfalls müssen deshalb weitere Gründe angeführt werden, damit die zu einem philosophischen Problem geäußerte Meinung und der sie stützende Grund überzeugen können.

Meinung	Grund
Freunde dürfen sich nicht belügen	1. ... weil man sich sonst nicht auf sie verlassen kann 2. ... weil man dann nicht mehr weiß, was wahr ist

4.3 Tipps, um Texte zu verstehen

Philosophieren heißt, dass Sie über wichtige philosophische Fragen selbstständig nachdenken. Und Texte können Sie dabei unterstützen. Sie präsentieren Gedanken, Argumente, kreative Ideen und Theoriegebäude, die Ihnen and anderen Gesprächspartnern nicht einfallen oder nicht bekannt sind. Texte sind geduldig, Sie können sich mit ihnen sehr intensiv auseinandersetzen. Dabei erweitert sich Ihr eigener Denkhorizont, d. h. Sie erhalten neue Impulse und Argumentationshilfen für Ihre eigenen Ideen.

Im Mittelpunkt der Textarbeit stehen Begriffe, Argumente und Gedanken, die Sie nachvollziehen und für ihr eigenes Denken nutzen sollten.

1. Tipp: Wichtige Begriffe im Text klären

Wenn Sie einen Text bearbeiten, dann sollten Sie sich erst einmal die wichtigsten Begriffe markieren und herausfinden, in welcher Bedeutung sie im Text verwendet werden. Dabei können Sie folgende Leitfragen berücksichtigen:

- Was versteht der Autor / die Autorin unter dem Begriff Freundschaft?
- Warum und wie verwendet er/sie diesen Begriff? Könnte er/sie nicht auch den Begriff Liebe verwenden? Gibt es Begriffe, die mit dem Begriff Freundschaft verwandt sind?
- Wie begründet der Autor seine These, dass das Wesen der Freundschaft z. B. „gegenseitiges Vertrauen" ist?
- In welchem Zusammenhang stehen im Text die Begriffe Freundschaft und Vertrauen?
- In welchen Bereichen meines Lebens spielt der Begriff Freundschaft eine wichtige Rolle?

2. Tipp: In einem Satz die Kernaussage des Textes formulieren

Wenn Sie die wichtigsten Begriffe eines Textes verstanden haben, sollten Sie versuchen, in einem Satz die Kernaussage des Textes zu formulieren: Welcher Gedanke ist der wesentliche?

Anschließend sollten Sie prüfen, wie der Hauptgedanke begründet wird. Hierzu können Sie die Argumente aus dem Text in das Schema einer philosophischen Argumentation einfügen.

- Welche Kernthese vertritt der Autor/die Autorin?
- Wie begründet er/sie diese These?
- Werden mehrere Gründe angeführt?
- Erstellen eines Argumentationsschemas (siehe hierzu 4.2)

Beispiel für eine Kernthese zum Begriff der Freundschaft nach Aristoteles (siehe hierzu Text 2 in diesem Buch):

Aristoteles unterscheidet zwischen vollkommener und unvollkommener Freundschaft.

3. Tipp: Den Text in wichtige Sinnabschnitte gliedern

Nachdem Sie den wichtigsten Gedanken herausgefunden haben, sollten Sie versuchen, den Text in verschiedene Sinnabschnitte zu untergliedern und diese mit einer Überschrift versehen.

Die Sinnabschnitte sollten mit der Kernthese in Zusammenhang stehen.

Sinnabschnitte, bezogen auf den Begriff der Freundschaft bei Aristoteles (siehe Text 2 in diesem Buch):

1. Abschnitt: Freundschaft um des Nutzens willen
2. Abschnitt: Freundschaft um der Lust willen
3. Abschnitt: Freundschaft auf gleicher Augenhöhe

4. Tipp: Inhaltswiedergabe anfertigen

Aus dem Deutschunterricht ist Ihnen die Methode der Inhaltsangabe bekannt. Beim Philosophieren sollten Sie auch in der Lage sein, den Gedankengang eines Textes mit eigenen Worten wiederzugeben. Damit Sie Ihre eigene Meinung nicht mit der des Autors vermischen, sollten Sie Formulierungen finden wie „nach Aristoteles“ oder „Aristoteles vertritt die Meinung, dass ...“ oder „nach Ansicht von Aristoteles“ bzw. innerhalb einer Satzverbindung „so der Autor“ verwenden.

In philosophischen Texten wird jedoch weitgehender als in literarischen Texten begründet und argumentiert. Sie sollten deshalb die Inhaltsangabe von philosophischen Texten durch *Sprechakte* vereinfachen. Sprechakte enthalten performative Verben, mit deren Hilfe die Gedanken vom Autor oder der Autorin wiedergegeben werden. Solche Verben sind zum Beispiel „sagen, erzählen, berichten, behaupten oder zustimmen“. Sie sollten in einer Inhaltswiedergabe benutzt werden.

- in dem folgenden Text gibt der Autor/die Autorin seine/ihre Überlegungen zum Problem der ... wieder
- er/sie geht davon aus, dass ...
- er/sie behauptet, dass ...
- er/sie formuliert als Hauptthese, dass ...
- er/sie führt als Rechtfertigung dieser These die folgenden Gründe an: ...
- er/sie verdeutlicht seine/ihre These an einem Beispiel ...
- er/sie abstrahiert vom Einzelfall, indem er/sie ... folgende Schlussfolgerung zieht: ...
- als Einwand gegen ... führt er/sie an ...

Sprechakte zwingen Sie bei der Wiedergabe des Textes dazu, die Denkschritte zu berücksichtigen und zu verstehen, die ein Autor oder eine Autorin vollzogen hat.

5. Tipp: Eigene Stellungnahme formulieren

Zur Auseinandersetzung mit einem philosophischen Text gehört auch, dass Sie nach der Deutung des Textes die Gedanken des Autors bewerten, d. h. Zustimmung, Ablehnung oder Zweifel äußern. Hierzu sollten Sie folgende Anregungen beachten:

- der Autor/die Autorin überzeugt mich, weil er/sie ...
- nicht überzeugend erscheint mir jedoch der Gedanke/die Idee/die Argumentation/das Gedankenexperiment etc., mit dessen/deren Hilfe begründet wird, dass ...
- (nicht) gut begründet wurde in dem Text der Gedanke ...
- die These von der ... steht im Widerspruch zu der These von der ...
- im Vergleich mit der Position von ... erscheint mir die Position von ... überzeugender, weil sie ...
- bezogen auf meine eigenen Überlegungen/Erfahrungen kann ich dem Autor oder der Autorin (nicht) zustimmen, weil ...
- den Gedanken von der... möchte ich wie folgt erweitern/umformulieren/neu denken: ...
- angenommen, Aristoteles ... hätte Recht, dann wäre ...

4.4 Wie kann ich einen Essay erarbeiten?

Zur Erarbeitung einer eigenen philosophischen Position sollten Sie nicht nur Gedanken von Philosophinnen und Philosophen aufnehmen, sondern auch eigene Überlegungen anstellen.

Die bekannteste Art, philosophische Gedanken auszudrücken, ist der Essay (Versuch). Hierbei handelt es sich um einen „Versuch", einen kleineren Text in ungebundener Sprache zu verfassen.

In einem philosophischen Essay wird ein philosophisches Problem erörtert. Dabei wird nicht der Anspruch erhoben, eine umfangreiche wissenschaftliche Abhandlung zu schreiben. Das Problem soll lediglich benannt, erörtert und mit Beispielen begründet werden.

Der Schriftsteller und Philosoph Michel de Montaigne schuf 1580 die philosophische Form des „essai" – im Deutschen sind von ihm drei Bände mit Essays erschienen.

In der philosophischen Tradition wurde der Essay 1597 von dem englischen Philosophen Francis Bacon für seine philosophisch-religiösen Betrachtungen weiterentwickelt. Im Mittelpunkt dieser Form stehen lebenspraktische Fragen wie z. B. Einsamkeit, Freundschaft oder Trunksucht, die in Verbindung mit eigenen Erfahrungen philosophisch gestaltet werden.

In den USA hat der Philosoph Jay Rosenberg in seinem Buch „Philosophieren" diese Methode erweitert und zu einer eigenständigen philosophischen Gattung entwickelt. Die folgenden Schritte zur Erarbeitung eines Essays basieren auf seinen Ideen, wurden jedoch erweitert:

1. Schritt: Vor Erstellen eines Referats eine Mindmap anlegen. Das philosophische Problem wird in die Mitte eines Blattes geschrieben. Anschließend werden Begriffe gesammelt, die zur Klärung des Problems beitragen könnten (siehe auch Modellfälle und Begriffskreis unter 4.1)

2. Schritt: Kurze (stichwortartige) Darstellung einer These, die eine Antwort auf das philosophische Problem gibt bzw. eine eigene Stellungnahme darstellt

3. Schritt: Schriftliche Ausformulierung der These

4. Schritt: Formulierung von Argumenten, die zur Stützung der These beitragen sollen

5. Schritt: Überprüfung der Schlüssigkeit der Argumente, d. h. es wird eine Auswahl getroffen, welche Argumente letztendlich gewählt werden, um die These zu stützen

6. Schritt: Veranschaulichung der These durch Beispiele

7. Schritt: Klare Unterscheidung treffen zwischen Ihren subjektiven Erfahrungen und Meinungen und objektivierbaren Aussagen und Argumenten (z. B. ein Gedanke, der unabhängig von Ihrer eigenen Meinung gilt – siehe hierzu auch die Methode der Sprechakte unter 4.3, Tipp 4)

8. Schritt: Überprüfung der Endfassung:
- Ist die Sprache des Essays verständlich? Folgt sie den gängigen grammatischen Regeln?
- Habe ich meine Gedanken verständlich, klar, anschaulich und mit logischer Schärfe formuliert?
- Habe ich genügend Argumente gefunden, um meine These zu stützen?
- Habe ich gefühlsmäßige, unbegründete Äußerungen vermieden (Enthusiasmus und Engagement ersetzen keine Sachdarstellung)

Die genannten Methoden ermöglichen Ihnen, philosophische Begriffe, Argumente und Gedanken zu verstehen und sie in philosophischen Diskussionen anzuwenden.

Wichtig ist, dass Sie einerseits versuchen, die Gedanken von anderen aus Texten oder in Diskussionen zu verstehen und andererseits Ihre eigene Position klar und deutlich darlegen.

Unsere Anregungen sollen Sie ein Stück auf diesem anstrengenden, aber auch spannenden Weg des Denkens voranbringen.

Literaturverzeichnis

Philosophische Ethik

Annemarie Pieper:
Einführung in die Ethik. Francke Verlag: München 1993, S. 24 ff.

Aristoteles:
Nikomachische Ethik. In: Zeitschrift für die Didaktik der Philosophie und Ethik. Heft 1, 1997, S. 43

Erich Fromm:
Die Kunst des Liebens. Ullstein Verlag: Frankfurt a. M. 1977, S. 69

Emile du Châtelet:
Über das Glück. In: Ruth Hagengruber (Hg.), Klassische philosophische Texte von Frauen. dtv: München 1998, S. 121

Immanuel Kant:
Grundlegung der Metaphysik der Sitten. Reclam: Stuttgart 1979, BA 43 und 64

Jostein Gaarder:
Sofies Welt. Hanser Verlag: München 1993, S. 393-395

Michel der Montaigne:
Über Freundschaft. In: Klaus-Dieter Eichler (Hg.), Philosophie der Freundschaft. Reclam: Leipzig 2000, 2. Auflage, S. 95

Angewandte Ethik

Albert Schweitzer:
Kultur und Ethik. C. H. Beck: München 1972, S. 331

Ursula Wolf:
Das Tier in der Moral. Klostermann: Frankfurt a. M., 2004, 2. Auflage, S. 102/103

Tierschutzgesetz aus:
Ethik und Unterricht, Heft 3, 1997, S. 29

Hans Jonas:
Das Prinzip Verantwortung. Suhrkamp: Frankfurt a. M. 1984, S. 80/81

Dieter Stolte:
Wie das Fernsehen das Menschenbild verändert. C.H. Beck: München 2004, S. 109/110

Herbert W. Franke:
Der grüne Komet. Goldmann: München 1982, S. 26

Religiöse Ethik

Dorothee Sölle und Louise Schottroff:
Jesus von Nazareth. dtv: München 2000, S. 126/127

Catherine Clément:
Theos Reise. Hanser: München 1998, S. 57-60

Feindesliebe.
In: Biblische Geschichten. Nordhavn 2004, S. 299/300/301

Catherine Clément:
Theos Reise. Hanser: München 1997, S. 64/65 und 67

Melanie Miehl:
Basiswissen Mohammed. Gütersloher Verlagshaus: Gütersloh 2000, S. 36

Gandhi-Informationszentrum:
My life is my message. Das Leben und Wirken von Gandhi. Verlag Weber, Zucht & Co: Berlin 1988, S. 32-34

Dalai Lama:
Das Buch der Menschlichkeit–Eine neue Ethik für unsere Zeit. Gustav Lübbe Verlag: Bergisch Gladbach 2000, S. 76-78
Laotse:
Tao-Te-King. Diogenes Verlag: Zürich 1996, S. 25/26
Eva Maria Kulmer:
Lebensweisheit des Buddha. Eugen Diederichs Verlag: München 1999, S. 25, 55, 99 und 213

Gibt es eine gerechte Gesellschaft?
Platon:
Der Staat. Reclam: Stuttgart 1874, S. 265 und 277
Thomas Hobbes:
Leviathan. Reclam: Stuttgart 1977, S. 155 und 164
John Rawls:
Eine Theorie der Gerechtigkeit. Suhrkamp: Frankfurt a. M. 1979, S. 81 ff.
Auszug aus der Allgemeinen Erklärung der Menschenrechte. In:
Zeitmagazin „Menschenrechte". Hamburg 1993, S. 18
Norbert Brieskorn:
Menschenrechte. Kohlhammer: Stuttgart/Berlin, Köln 1997, S. 17/18
Robert Spaemann. In:
Ulrich Wickert (Hg.): Das Buch der Tugenden. Heyne: München 1995, S. 291/92

Welt und Wissenschaft
Heraklit:
Der Logos. In: Wilhelm Capelle (Hg.): Die Vorsokratiker. Kröner: Stuttgart 1968, S. 136
Hannah Arendt:
Unsterblichkeit. In: Vita activa. Piper: München 2001, 12. Auflage, S. 28/29
Fernando Savater:
Die Fragen des Lebens. Campus Verlag: Frankfurt a. M./New York 2000, S. 43/44
Paul Feyerabend:
Wissenschaft. In: Aljoscha A. Schwarz/Roland P. Schweppe (Hg.): Anleitung zum Philosophieren: Herbig Verlag. München 2002, S. 47–49
Richard P. Feynman:
Was soll das alles? Piper: München 1998, S. 41
Aristoteles:
Physik, Reclam, Stuttgart 1978, Teil 1, 148 a

Methoden des Philosophierens
Vgl. Jay F. Rosenberg:
Philosophieren. Ein Handbuch für Anfänger. Klostermann: Frankfurt a. M. 1997, 4. Auflage S. 81-87